KB237580

엄마, 아빠!!
공부가 너무
쉬워져서

차 례

책 머리에

이 책은 삶의 목적을 잃고 방황하면서 술과 담배, 게임, 욕설 등 방탕하던 삶을 살면서 고통당하던 10대들이 하나님을 만나고 삶의 목적을 발견하고 5대 관계가 회복되어서 전도1등, 공부1등, 성품1등으로 변화된 이야기가 담긴 책입니다.

각자의 간증으로 기록된 것이어서 조금은 서투르고 모든 학생의 간증이 비슷하여 지루함이 있을 수 있으나 눈물이 아니고서는 읽을 수 없는 따끈 따근한 내용이 수록되어 있습니다.

버려진 인생이라고 손가락질 받던 그들..

10대에 삶을 포기한 그들..

이제는 세계적인 리더로 꿈을 품고, 교회를 품고, 학교현장을 품고 매일 기도하면서 준비되어가는 모습이 참 아름답습니다.

저는 청소년수련회를 30차례 이상하면서 수만 명의 학생들이 2박3일 동안에 인생이 변화되는 것을 보았습니다. 그들은 분명 옥토요 갈급한 심령들이었습니다. 세상에서 가장 보람 있는 일은 사람을 세우는 것입니다.

3류 인생이 1류 인생으로, 포기한 인생이 꿈을 가진 인생으로 바뀌는 것을 볼 때마다 저는 목사로서 가장 행복합니다. 저는 가장 행복한 사람 같습니다.

　이 책을 통하여 이 땅에 청소년 사역에 소망이 있음을 보여주고 싶고 청소년 사역이 이 시대 교회회복 운동에 가장 중요한 사역이다는 하나님의 음성을 들려주고 싶었습니다.　급하게 이 책이 나오므로 조금 아쉬운 점이 있습니다. 그러나 감동은 어느 간증책보다 많을 것입니다.

　간증에 동참해주신 학생들과 교회 목사님들께 감사드립니다.

　마지막으로 작업에 최선을 다해주신 이헌호 목사님과 최성복 목사님께 감사드립니다.

　하나님 감사합니다.

　이 간증이 전 세계 청소년들과 부모님들에게 소망이 되게 해주세요.

2011년 2월13일 주일새벽 조용한 시간에

하나님의 한없는 은혜를 입은 한성택목사...

바보소년 천재되다

인천 예광교회 _ 류 종 호

그런즉 너희가 먹든지 마시든지 무엇을 하든지
다 하나님의 영광을 위하여 하라
고린도전서 10:31

세계적인 목사가 되겠다는 목표를 가지고...

저는 목사님의 아들로 태어나서 16살까지 모든 예배를 참석하며 공부는 중간정도하고 사고치는 일 없이 평범하게 살아왔습니다. 부모님은 교회 사역 때문에 바쁘셔서 우리 형제에게 밥 챙겨줄 시간도 없이 바쁘셨습니다. 부모님께서는 저를 놓고 기도하시다가 필리핀에 유학을 보내기로 결정하셨고, 저도 세계적인 목사가 되겠다는 목표를 가지고 필리핀으로 가게 되었습니다.

신실한 부부 집사님가정!! 교회를 취미로 다니는 가정!!

제가 살던 집은 신실한 부부 집사님 가정이었습니다. 집사님은 하숙생들을 가족같이 잘 대해주시고 매일 저희들을 위해 무릎꿇고 기도하셨습니다. 매일 저녁 가정예배를 드리고 새벽기도도 매일 드렸습니다. 그렇게 1년 6개월을 살았는데 집사님의 개인적인 사정으로 하숙집을 그만두게 되셨습니다. 하숙생들은 2명씩, 3명씩 여러 집들로 뿔뿔이 흩어졌습니다. 그 뒤로 저의 삶도 크게 변하게 되었습니다.

새로 이사하게 된 집은 교회를 취미로 다니는 가정이었습니다. 그러다보니 주일 오후예배를 처음으로 빼먹게 되었고 수요일이나 금요일에도 점점 교회를 가지않게 되었습니다.

학교생활에도 문제가 생겼습니다. 매일 늦게까지 놀다가 새벽에 자고 학교 가서는 수업시간 내내 잠만 잤습니다. 일주일에 반은 학교를 안 갔습니다. 학교 가서도 수업 중에 무단이탈을 하기 일쑤였습니다. 학업이 완전히 무너졌습니다.

또 제 삶은 어긋나기 시작했습니다. 친구를 따라 담배를 피게 되었고 술도 마시게 되었습니다. 저는 평생 담배를 피지 않고 술을 먹지 않는 나실인으로 살겠다고 뜻을 정하고 살아왔지만 모든 것들은 한순간에 무너지고 말았습니다. 필리핀에서 목사님 자녀들을 여럿 만났지만 그들도 모두 저와 같거나 저보다 더 방황하는 삶을 살고 있었습니다.

필리핀에 온 목적을 모두 잃어버리고 하루하루 방황하며 무의미하게 살고 있었습니다. 부모님께 전화를 해서 다시 한국으로 돌아가고 싶다고 떼를 썼습니다. 한국으로 돌아가서 다시 정상적인 삶을 살고 싶었습니다. 하지만 한국에 오자 상황은 더욱 악화되었습니다. 주민등록증을 위조해서 담배를 사고 새벽에 부모님 주무실 때 몰래나가서 새벽까지 술을 마셨습니다. 혹시 동네에서 집사님이나 교회 사람들을 만날까봐 다른 동네로 가서 놀았습니다. 목사님 아들로서 하나님의 자녀로서 이렇게 살면 안 된다고 생각했지만 유혹을 이기지 못했고 마귀에게도 이기지 못했습니다. 밖에 나가서는 세상 사람들과 다를 것 없이 행동하면서 교회에서는 경건한 척을 하는 저를 발견하게 되었습니다.

말씀을 듣는 중에 큰 충격과 감동을 ..

2009년 11월에 부모님의 강한 권유로 부산 예환꿈교회로 집중훈련을 가게 되었습니다. 말씀을 듣는 중에 큰 충격과 감동을 받았습니다. 한성택 목사님을 만나기 전에는 하나님의 영광을 산다는 추상적인 목적을 가지고 살아왔는데 하나님의 영광이 전도하고 제자 삼는 것이라는 것을 18년 만에 처음으로 알게 되었습니다. 삶의 목적을 발견하고 저의 죄를 회개하고 죽어가는 나를 살려달라고 기도했습니다. 다시 인천으로 돌아왔을 때 어머니께서 전도하러 가자고 했는데 순종하지 않고 목양 안하려고 일주일동안 친구네 집으로 도망을 갔었습니다. 은혜는 받았지만 목양을 안 하니까 다시 은혜가 떨어지고 여전히 타락한 생활을 했습니다.

용서해 달라고 울며 기도

이런 제 삶이 수련회를 통해 변했습니다. 5박 6일의 2010년 겨울청소년 수련회 기간동안 엄청난 은혜를 받았습니다. 강의시간마다 말씀을 들으며 울었고 뜨거운 찬양과 기도를 드렸습니다. 제 모든 죄를 고백하며 용서해 달라고 울며 기도했습니다. 하나님께서는 저를 용서해 주시고 '난, 세계적인 리더' 라고 가슴에 뜨거운 감동을 주셨습니다. 또 '삶의 목적을 몰라 방황하는 청소년들을 살려라' 는 감동과 함께 하나님의 한이 들어왔습니다. 전 하나님께 세상의 유혹을 이길 수 있는 힘을 달라고 기도했습니다. 그렇게 1, 2차 양수리에서 수련회가 끝났습니다.

다음세대를 향한 하나님의 마음을 가지고

은혜를 사모하며 광주로 3차 수련회를 갔습니다. 그렇게 수련회를 마침과 동시에 술과 담배가 끊어지게 되었습니다. 인천으로 다시 돌아와서 하루에 한 시간씩 기도하기 시작했습니다. 기도시간이 너무 기다려졌고 1시간이 너무 빨리 간다고 느낄 정도로 기도가 재미있었습니다. 또 매일 1시간씩 길에서 전도하기 시작했습니다. 날씨가 추워서 손이 트고 귀가 얼었지만 다음세대를 향한 하나님의 마음을 가지고 미친듯이 전도했습니다. 처음에는 모르는 사람에게 전도하기가 두려웠지만 아빠에게 기도를 받고 또 찬양과 기도를 하고 하나님께 의지 하면서 전도 했습니다.

2주를 같은 시간, 같은 장소에서 전도했는데 하나님께서 저에게 한 주에 8명의 영혼을 보내 주셨습니다. 그렇게 비가오나 눈이오나 4개월을 전도했습니다. 목양을 시작하고 1년, 지금 저의 반 제적은 40명이 되었고 4주 양육을 마친 2명의 리더가 저를 돕고 있습니다. 그 중에 한명은 부모님을 전도하여서 우리교회에 다음세대를 통한 부모전도의 첫 번째 모델이 되었고, 리더철야에 참여하면서 교회에 없어선 안 될 리더로 성장하고 있습니다.

자신이 세계적인 리더임을 발견

대학교를 다니는 동안 한성택 목사님의 공부완전정복 세미나 CD를 매일 들으며 공부했고 매일 아빠에게 안수기도를 받으며 장학금을 목표로 기도했습니다. 거울을 보며 "난 세계적인 리더다!", "장학금은 내꺼다.", "공부가 쉽다."라고 외치며 고백했습니다. 공부는 내가 해야 한다고 생각했고 공부를 하나님께서 도와주신다는 생각은 하지 않았는데 한목사님의 공부설교를 듣고 하나님께서 나의 공부에 관심이 있으시다는 것을 알게 되었습니다. 하나님과의 관계가 회복

되고 나 자신이 세계적인 리더임을 발견하고 나니 모든 일에 긍정적
이 되었고 포기하지 않는 끈기가 생겼습니다. 그렇게 공부해서 장학
금을 받게 되었습니다. 또 하나님께서 저에게 더 큰 비전을 주셔서
현재는 연세대학교를 목표로 공부하고 있습니다.

하나님께 영광을

하나님께서 저의 삶을 이렇게 바꾸어 주셨습니다. 방황하는 저를
살려주시고 또 과거의 저와 같은 삶을 사는 다음세대를 향한 뜨거운
가슴을 주셨습니다. 제가 방황할 때 저를 위해 매일 울면서 기도해주
신 부모님께 감사드리고 목양을 알게 해주신 하나님께 감사드립니
다. 하나님께서 맡겨주신 인천 서구지역에 죽어가는 다음세대를 살
리도록 하겠습니다. 하나님께 영광을 올려드립니다.

내게 능력 주시는 자 안에서
할 수 있어요

공부1등 성품1등

교회 꼭 필요한데 골칫거리인 아이

진량열린교회 _ 박 윤 혜

너희는 이 세대를 본받지말고
오직, 마음을 새롭게 함으로 변화를 받아
하나님의 선하시고 온전하신 뜻이
무엇인지 분별하도록 하라
로마서 12:2

찬양단이 찬양을 시작하려고 할 때 반주자가 화를 내며 울어서 찬양단이 찬양을 시작하지 못하는 모습을 본 적이 있습니까?

교회 꼭 필요한데 골칫거리인 아이!!

목양을 만나기 저는 열린교회에서 꼭 필요하면서도 골칫거리인 아이였습니다. 전 초등학교 5학년 겨울부터 교회에서 단 한명 뿐인 반주자라는 직분을 맡아 봉사하고 있습니다. 하나님의 일을 하면서도 감사한 줄 모르고 저는 이 반주자라는 일을 부담스러워 하기만 했습니다. 교회 어른분들은 어렸을 적부터 하나님의 일을 하고 있는 제가 기특해 보이셨는지 저를 예뻐 해 주시고 많이 챙겨주셨습니다. 그런 사랑과 관심 속에 지내면서도 그 사랑을 깨닫지 못하고 하루라도 짜증을 안내면 입 안에 가시가 돋는 사람처럼 온갖 투정과 짜증을 부리면서 지내왔습니다.

그런 성격 덕분에 친구들과도 사이가 썩 좋지 못했습니다. 점점 이것이 심화되면서 제 입에서 나오는 욕은 일상이 되어버렸고 살짝 건드리기만 해도 폭력적으로 변해버리는 제가 되어버리고 말았습니다. 그런 하루하루가 가면 갈수록 제 자신에게 실망감을 느끼며 열등감이 느껴지기 시작했습니다. 제 자신에게 화가 나면서 그 화를 이기지 못하여 울고 또 울고 또 울었습니다. 제 기분이 안 좋거나 제 눈이 울어서 퉁퉁 부어있을 때마다 교회 분들이 제 눈치를 보신다는 것을 느꼈을 때 너무나도 미안하고 죄송하고 제 자신에게 너무 짜증이 나서 눈물이 더 났었습니다.

컴퓨터와 텔레비전에 중독이 된 후

이렇게 변한 저 때문에 친구들과 진실된 사이가 되지 못하고 결국 컴퓨터와 텔레비전이 제 친구가 되어 주었습니다. 컴퓨터와 텔레비전에 중독이 된 후로는 일어나자마자 텔레비전을 틀거나 컴퓨터 전원 버튼을 누르는 것이 제 하루의 시작이 되었습니다. 소설과 만화책을 빌려와서 날이 새도록 읽는 것은 일상이 되어 결국 학교에 가서는 졸거나 자는 날들이 수두룩했습니다.

중학교 1학년 때만해도 나름대로 하던 공부는 뒷전이 되어 버렸고 공부와 담을 쌓기 시작하다가 어느새 100등 밖으로 넘어간 제 등수를 보고선 충격을 받고 뒤늦게나마 공부를 하려고 했지만 스트레스만 쌓일뿐 성적은 제자리 걸음이었습니다. 덕분에 반주도 뒷전이고 주일날도 시험기간만 되면 학원에 갔으며 교회에서 예배 한 시간을 드리는 것 보다는 학원에서 한 시간 공부하는 것이 내일 있을 시험에 더 도움이 되고 성적이 올라갈 것 같았기 때문이었습니다. 하기 싫은 공부를 억지로 하면서 부모님이 힘들게 버신 돈이 아까워 공부를 하는 척만 하였습니다.

정말 죽고 싶다는 생각을 하루에도 수십 번!!

이것저것, 많은 일들로 언니와 자주 싸워서 부모님이 걱정을 하시게 하는 것은 일도 아니었습니다. 그리고 부모님과 사이가 어색하고 좋지 못해서 일 때문에 일주일에 한 번 뵙는 부모님이 집에 오시면 같이 있기보다는 피하기 일쑤였습니다. 할머니에게 정말 많이 대들

기도 했습니다.

　교회를 싫어하기 시작하면서 교회 선생님들을 욕하고 심지어는 하나님은 존재하지 않으신다고 말하기까지 하였습니다. 정말 죽고 싶다는 생각을 하루에도 수십 번씩하며 지내던 나날들이었습니다.

　하지만, 중학교 2학년 여름방학 때 목양을 만나기 시작하면서 전 달라졌습니다. 욕을 하던 제 입에서 욕이 끊기기 시작하더니 이제 더 이상 제 입에서 욕이 나오지 않게 되었습니다. 폭력적이었던 저의 행동도 이젠 더 이상 폭력적이지 않게 되었고 짜증과 화만 내던 전, 이젠 화가 나고 짜증이 나더라도 참는 법을 알게 되었습니다. '나는 세계적인 리더니까 참아야 돼.' 라는 생각을 하면서 조금씩 줄여나갔습니다. 그리고 이제 더 이상 열등감을 느끼지 않게 되면서 눈물도 사라졌습니다.

"윤혜야! 너 정말 성격 많이 변했다"

　언니와 싸우는 일도 예전보다 많이 줄어들었습니다. 요즘 옛날부터 저를 알아오던 친구가 제게 이런 말을 한 적이 있었습니다. "윤혜야, 너 정말 성격 많이 변했다." 이런 말들을 들을 때마다 전 하나님의 은혜에 그저 감사 할 따름입니다. 또 밤새도록 컴퓨터와 텔레비전을 보는 저의 취미는 완전히 변하였습니다. 이제 제 스스로 컴퓨터와 텔레비전을 자제할 수 있게 되었고 더 이상 소설과 만화책에 빠져 살지 않게 되었습니다.

그리고 교회에서 반주 할 수 있다는 그 점이 저에게는 이제 너무나도 감사한 제목이 되었습니다. 반주가 부담스러운 일이 아닌 저에게 하나님이 주신 축복처럼 느껴질 따름입니다. 저에게 이런 은사를 내려주신 하나님께 너무 너무 감사합니다. 철없이 반주를 내팽개치고 공부한답시고 학원에 간다고 사라졌던 제 모습은 이제 사라지고 어디에도 없습니다.

공부에 관한 자세한 이야기는 5대 관계회복에 대하여 얘기할 때 더욱 자세히 말하겠습니다. 교회 선생님을 욕하던 제 입에서 이제 선생님들께 "사랑합니다.", "존경합니다.", "감사합니다."라는 말이 자연스럽게 나올 정도로 바뀌게 되었습니다. 그리고 예배를 귀찮다고 느끼지 않고 사모하는 마음으로 드리게 되었습니다.

25명이나 되는 제자가 생기다

전도에 관심은 커녕 신경도 안 쓰던 제가 중학교 3학년 때 실장이란 일을 하면서 저희 반 아이들을 다 전도하겠다는 마음을 먹고 전도를 시작하여서 벌써 제게 25명이나 되는 제자가 생기게 되었습니다. 그 중 2명은 자신의 제자들을 만들어 저희 교회 목양리더가 되었습니다. 처음에는 오지 않을 것 같던 아이들이 한 명, 두 명씩 교회에 오게 해주신 하나님께 너무 감사드립니다. 그리고 새벽기도는 아예 생각하지도 않던 제가 전도한 그 아이들을 위해서 새벽기도에 참석하게 되었습니다. 정말 목양을 통해서 하나님께 영광 높여 드리는 제가 될 수 있기를 바랍니다. 부모님을 피해만 다니던 옛날의 저는 사라지고 부모님을 존경하고 사랑하는 딸인 모습만 남게 되었습니다. 제가 이렇게 변할 수 있게 해주신 하나님의 은혜가 너무나도 놀랍고 신기합니다.

5대 관계회복을 통하여 변화된 성적

이제 5대 관계회복(하나님, 나, 공부, 부모님, 선생님)을 통하여 변화된 저의 성적에 대하여 말하고자 합니다.

첫 번째, 하나님과의 회복. 하나님과의 회복은 목양 수련회에서 회복되어졌습니다. 삶의 목적없이 무의미하게 살던 저에게 하나님의 목적인 목양이 마음 속 깊이 들어오게 되면서 공부를 생각하는 마음 자체가 변하게 되었습니다. '공부는 하나님이 만드신 것이니까 나도 잘 할 수 있다', '공부를 통해 하나님의 영광을 높여 드리자' 라는 생각을 가지게 되면서 공부를 사랑 할 수 있는 마음을 가지게 되었습니다.

그때부터 공부를 억지로 할 때와는 다르게 공부가 재미있게 느껴지고 중학교 2학년 때의 방황으로 100등 밖으로 밀려난 제 등수가 점점 다시 100등 안으로 들어오게 되었습니다. 그리고 공부는 내 스스로 하는 것인 줄로만 알았는데 그렇지 않다는 것을 깨닫고 기도 자체를 하지 않고 살던 제가 하루에 기도 1시간과 새벽기도를 나오면서 하나님께 지혜를 구하는 아이로 변했습니다.

두 번째, 나와의 회복. 저에게는 영어에 대한 열등감이 있었습니다.

그래서 항상 제 자신에게 '난 영어를 원래 못해.'라고 생각하면서 영어 100점이란 점수는 생각지도 않고 지내왔었는데 '하나님이 만드신 언어인 영어를 내가 왜 못해?'라는 생각을 가지고 나도 할 수 있다는 마음으로 매주 담임 목사님께 안수기도를 받았고 시험치기 전날 제가 살고 있는 지역에 목양 컨퍼런스로 오신 한성택 목사님께 안수기도를 받고 난 후, 다음 날 시험을 쳤습니다. 그런데 놀랍게도 영어 100점이란 결과가 나왔습니다. 그리고 나도 할 수 있다는 자신감을 가지고 기도하며 공부를 하고 중학교 3학년 첫 시험을 쳤는데 약 400명 중에서 55등을 하게 되었습니다. 저번 시험 등수의 절반을 접은 점수였습니다. 정말 너무 기뻐서 하나님께 감사할 수 밖에 없는 사건이었습니다.

세 번째, 공부와의 회복. 저에게는 공부란 그저 스트레스를 주는 것 중에 하나였습니다. 하지만 그런 공부를 사랑하겠다는 마음을 먹고 공부를 하기 시작하니까 재미없던 공부에 흥미가 생기기 시작했고, 항상 시험 기간만 되면 스트레스 때문에 하루하루가 불안하고 초조했었는데 이제 시험기간이 되면 이 시험을 통해서 하나님의 영광을 높여 드릴 수 있게 된다는 생각이 들면서 시험치는 것을 스트레스가 아닌 즐기면서 하게 되었습니다.

네 번째, 부모님과의 회복. 부모님과의 사이가 좋지 않을 때는 부모님께서 저에게 공부하란 말만 하시면 짜증이 나고 기분이 나빴는데 부모님과의 사이가 회복되면서 이제 그런 말을 들어도 짜증이 나지 않는 저로 변했습니다. 부모님께서 제 성적이 이렇게 오르고 제 성격이 이렇게 변한 것이 하나님의 은혜라고 생각하고 계셔서 너무나도 하나님께 감사를 드립니다. 이렇게 믿음의 가정인 듯 보이는 행복한 우리 집도 하나님에 대한 믿음이 약하신, 사랑하고 존경하는 우리 아빠가 한 번씩 뿔이 난 호랑이나 도깨비 같이 변하실 때에는 엄마, 언니 그리고 저 모두가 긴장하기 시작하여 그 때의 환경을 원망하고 낙심하고 분노하는 것이 전부였지만, 부모님과 회복한 지금은 그 모습조차 마귀에게 이용당하는 아빠의 모습처럼 보여 안쓰럽고 속상해서 기도하게 됩니다. 저번 주일에도 사소한 일로 버럭하려는 아빠를 보면서 엄마, 언니 그리고 저는 사랑하는 아빠의 뒤통수를 보며 누가 먼저라 할 것 없이 다함께 "예수그리스도 이름으로 명하노니 지금 아빠를 덮고 있는 마귀들은 물러갈 지어다"라고 무한 반복하여 대적기도를 하였었습니다.

다섯 번째, 선생님과의 회복. 싫어하던 선생님의 과목 점수가 안 좋게 나온 적이 있었습니다. 그때 한성택 목사님께서 선생님을 사랑하라고 말씀하셨던 것이 생각이 나서 그 선생님을 사랑하려고 노력하였습니다. 그 선생님이 좋아지고 나니까 자연스럽게 그 과목에 관심이 생기기 시작했습니다. 그리고선 시험을 쳤는데 과학 점수가 60점대에서 96점으로 오르게 되었습니다. 싫어하는 선생님의 수업이 있는 날이면 학교에 가기 싫은 마음이 굴뚝이었는데 그 선생님들을 좋아하게 되고 존경하게 되면서 학교에 가기 싫은 마음이 사라지고 학교에 가고 싶어지고 학교생활이 너무나도 즐겁게 변했습니다.

그리고 저희 교회에서 몇 년 전부터 공부방을 시작하게 되었습니다. 그 공부방의 이름은 솔로몬 공부방입니다. 많은 인원은 아니었지만 적은 인원의 리더들로만 모아서 기도와 함께 공부를 하려고 모였었습니다. 처음에는 공부방에서 선생님으로 있는 저의 언니와 아이들이 서로 맞지 않아서 많은 트러블이 생겼었습니다. 언니와 아이들의 사이가 좋지 않을 때가 너무나도 많아 저로써는 너무 많이 속상했었습니다. 아이들과 언니의 사이가 안 좋아 질 때 마다 다들 기도하고 공부하려고 모였는데 이런 일들이 자꾸 생기니 너무 속이 상해서 공부가 눈에 들어오지 않았습니다. 차라리 이럴 바에는 공부방을 안 하는 것이 더 낫다고 생각한 것이 한 두 번이 아니었습니다. 그럴 때 마다 언니와의 갈등도 커지고 아이들을 향한 미움의 마음도 점점 생기기 시작했습니다.

관계가 기도로 회복 되어지기 시작!!

하지만 시간이 점점 지나면서 언니와 아이들의 관계가 기도로 회복 되어지기 시작했습니다. 그러면서 저도 마음의 안정을 얻고 공부에 집중을 하게 되었으며 아이들을 사랑하는 마음을 갖게 되었고 아이들도 그제야 공부에 대하여 마음을 열고 공부를 열심히 하기 시작했습니다. 그때부터 아이들의 성적이 점점 오르기 시작했고 중위권에서 머물던 아이들은 상위권으로, 하위권에 머물던 아이들은 중위권으로 등수가 올라가게 되었습니다. 전 이 귀중한 경험을 통하여 공부에서는 정말 선생님과 학생의 관계가 중요하다는 사실을 진심으로 느끼게 되었습니다.

하나님의 사랑을 깨닫고 공부 1등! 목양 1등!

이 간증 글을 쓰기 위해 며칠 동안 저를 되돌아보게 되었습니다. 아직도 부족함이 많은 저에게 이 글을 통해 하나님을 높여드릴 수 있게 해주신 하나님께 감사드립니다. 이 글을 썼다고 해서 자만하고 자랑할 것이 아니라 좀 더 겸손해져서 오직 하나님의 영광만 높여 드릴 수 있는 제가 되고 싶습니다.

올 한 해 동안 중.고등부 회장으로써 목양하는 중.고등부를 만들기를 원합니다. 이 글을 읽는 모든 분들이 하나님의 사랑을 깨닫고 공부 1등! 목양 1등! 하는 세계적인 리더가 되시기를 원해요. 지금 저는 중학교를 졸업한 오늘도 다른 친구들처럼 부모님들이나 친구들과 놀러 가지 아니하고 금요 찬양기도회를 위하여 즐겁게 반주하러 교회로 갑니다! 세계적인 정유철 목사님 감사합니다!! 사랑합니다 !!
세계정복! 목양제자! 당신은 세계적인 리더입니다^^♥.

아빠가
얼마나 힘드셨을까

꿈대로 되는교회 _ 김 예 은

또 가라사대 너희는 온 천하에 다니며
만민에게 복음을 전파하라
마가복음16:15

중2겨울, 목양 컨퍼런스에 사람구경이나..

목양을 만난 후 저의 삶은 매우 큰 변화가 생겼습니다. 제가 목양을 제일 처음 만났을 때가 중2 겨울이었습니다. 목사님께서 예환꿈교회에서 하는 목양컨퍼런스에 가자고 하셔서 저는 '다른 교회에서 하는 집회랑 비슷하겠지 사람구경이나 하고 오자' 라는 마음으로 목사님을 따라가게 되었습니다. 하지만 그곳에 도착하였을 때 이전에는 전혀 보지 못했던 광경을 보게 되었습니다. 나와 나이가 비슷한 친구들, 그리고 나보다 훨씬 어려보이는 친구들이 손을 들고 전심으로 찬양하며 눈물을 흘리며 기도하고 심지어 어린 친구들이 방언하며 기도하는 모습들을 보았습니다.

저는 그 장면이 너무나 신기해서 눈을 뜨고 그 친구들을 구경했고 그 컨퍼런스 하는 3일 내내 그 친구들을 더 보기위해 목사님을 따라 컨퍼런스집회에 참여하였습니다. 그런데 계속 그 친구들의 모습을 보다보니 갑자기 너무 부럽다는 마음이 생기기 시작했습니다. 저는 목사님의 딸입니다. 하지만 어렸을 때부터 그냥 아빠가 목사님이시니까 교회에 다녀야 한다는 생각으로 다니다 보니 교회는 그냥 형식적인 공간이 되어버렸고 찬양하고 기도하는 것은 당연히 어른들이 하는 것이라고 생각하게 되었습니다. 그런 저의 눈에 기도하는 친구들의 모습을 보니 갑자기 제 자신이 너무 초라해지고 나도 저 친구들처럼 기도해보고 싶다는 마음이 들었습니다. 하지만 기도할 용기가 나지 않아 가만히 그 친구들을 쳐다만 보고 있었고 그렇게 컨퍼런스는 끝이 났습니다.

주여 600번 정도 외쳤을 때

컨퍼런스가 저에게는 매우 인상적인 경험이 되었고 저는 그 장면을 다시 한번 경험하고 싶어 목사님과 함께 목양 청소년수련회에 가게 되었습니다. 처음 실촌 수양관에 들어섰을 때 전 맨 뒷자리에 서서 찬양시간 때는 찬양 부르고 예배시간에는 앉아서 그냥 다른 때와 같이 설교를 한 귀로 듣고 한 귀로 흘리듯이 듣고 있었습니다. 그렇게 수련회를 보내다가 저녁에 기도시간이 되었고 목사님께서 주여 1000번을 외치자고 하셨습니다. 그 순간 제 마음속에 용기가 생기며 '나도 한번 해보자' 하는 마음으로 주여를 외치기 시작하였고, 주여를 600번 정도 외쳤을 때 갑자기 눈물이 흐르며 옛날의 방황했던 기억들이 제 머릿속을 스쳐지나가는 것이었습니다. 저는 그 날 제 인생 처음으로 예수님의 사랑을 깨닫게 되었고 모든 것을 회개하고 다시 살아보자는 마음을 가지게 되었으며 그 날이 제 인생의 전환점이 되었습니다.

목양을 몰랐더라면..

그리고 수련회를 갔다 온 후 목양을 하며 저의 인생은 예전과는 다르게 180°바뀐 삶이 되었습니다. 목양을 몰랐더라면 절대 상상할 수도 없었던 변화된 저의 모습을 이제 말하고자 합니다.

먼저 전도의 변화에 대해 말하면 제가 목양을 몰랐을 때는 그냥 어른들에게 칭찬받고 싶어서 친구를 교회에 데려왔습니다. 하지만 정착하는 친구는 거의 없었고 교회에 와도 그냥 심심해서 친구들과 놀려고 가끔 오는 친구들 정도였습니다. 그리고 나이가 들면서 전도하는 것이 부끄러워서 전도를 아예 포기하게 되었습니다.

하지만 목양을 하게 되면서 다시 전도해야겠다는 마음이 생겼고 친구들을 전도하기 시작했습니다. 그런데 전도는 생각보다 쉽지 않았습니다. 학원, 집안사정, 부모님의 반대 등으로 친구들은 교회에 갈 수 없다 하였고 저는 전도를 포기하려는 생각도 하였지만 정신을 차리고 기도를 드렸습니다. '하나님 친구들을 전도하고 제자 삼게 해주세요. 저와 함께 기도하며 전도하는 믿음의 동역자를 저에게 붙여주세요.' 라며 집안 사정도 항상 기도하였습니다.

"우리 교회 가볼래?"

그렇게 시간이 흐르고 가야고등학교에 입학하였습니다. 새로운 친구들을 전도해야겠다는 생각이 들었습니다. 속으로 "하나님 도와주세요."라고 기도하고 친구에게 "나와 같이 우리 교회 가볼래?"라고 말을 던지자 친구들의 반응은 놀라웠습니다. "그래 나도 교회 가보고 싶었어."라고 대답하며 교회에 오겠다고 하는 것이었습니다. 그렇게 3명이 전도되어짐으로 하나님의 놀라운 능력과 되게 하시는 은혜를 체험하게 되었습니다. 그리고 나는 새로 만나는 친구들을 전도하려고 가야고등학고 1,2학년을 보내는 동안 15명의 친구들을 전도하게 되었습니다. 하지만 정말 놀라운 점은 제가 기도했었던 믿음의 동역자를 하나님께서 저에게 붙여 주셨다는 것입니다 제가 전도한 친구 중에 한명이 꾸준히 교회를 다니며 예배를 참석했습니다. 저는 그 친구의 모습이 예쁘고 고마워서 항상 그 친구를 위하여 얼른 참된 예

수님을 만나서 목양의 영성을 가진 우리 목양리더로 세워 달라고 기
도하였습니다.

하나님을 만나게 해줘서 고마워

어느 날 목사님께서 영상물 하나를 보여 주셨는데 하나님은 어서
빨리 우리가 하나님의 품으로 돌아오기를 원한다는 내용과 어떠한
환경에서도 하나님은 우리를 사랑하신다는 내용이 담긴 영상 이었습
니다. 영상물을 다보고 기도시간이 되었는데 제가 항상 기도했던 그
친구가 울고 기도하는 것이었습니다. 그리고 저에게 "예은아 내가 하
나님을 만나게 해줘서 고마워."라고 저에게 말하는데 저는 이 현실이
정말 놀라웠고 믿을 수가 없었습니다. 이 친구는 집안의 부모님께서
교회 다니는 것을 반대하였기 때문에 부모님 몰래 교회에 오고 있어
서 목양수련회 참석하지 못하였습니다. 그래서 저는 이 친구가 변화
되려면 시간이 오래 걸리겠구나 라고 생각했는데 예상치 못하게 친
구는 믿음을 가지게 되었고 함께 기도하게 되었습니다. 그러던 중 이
친구의 부모님께서 교회 가는 것을 허락하셨고 함께 수련회에 참석
하여 많은 은혜를 받았고 지금은 둘도 없는 믿음의 동역자가 되어 함
께 기도하며 전도하고 있습니다. 그리고 저를 통해 한 명을 변화할
수 있게 해 주신 하나님께 정말 감사드립니다.

아버지가 전도사님인 친구

그리고 또 한명의 친구를 만나게 되었는데 아버지가 전도사님인 친
구였습니다. 하지만 교회에 제대로 다니지 않고 아버지와도 사이가

정말 안 좋은 방황하는 모습의 친구였습니다. 저는 그런 그 친구를 위해 기도하면서 전도하였습니다. 그리고 그 친구와 함께 목양 수련회 가게 되었습니다. 예배 시간에 계속 거울을 보고 딴짓을 하는 그 모습을 보며 그 친구의 방황을 끊어 달라고 기도하였습니다. 하나님께서는 정말 구하면 이루어 주시는 분이셨습니다. 그 친구가 눈물을 흘리며 기도하기를 시작하였고 아주 간절해 보였습니다. 그렇게 또 한명의 친구가 인생의 목적을 깨닫고 방황을 끝내게 되었습니다. 그리고 아버지와 관계도 회복되었고 저와 목양하는 동역자가 되었습니다. 이렇게 저의 전도를 통해 변화된 친구들의 모습을 보았습니다.

아빠가 얼마나 힘드셨을까

제게 있어 가장 큰 성품의 변화는 목사님을 존경하게 된 것입니다. 저는 목사님의 딸이기 때문에 목사님의 모든 일상생활들을 보며 자랐습니다. 당연히 목사님의 인간적인 모습을 많이 보았기 때문에 교회에서도 그냥 아빠라고 생각하였고 그래서 목사님을 쉽게 보고 교회도 쉬운 존재로 보게 되었습니다. 그리고 친구들이나 선생님이 아버지의 직업이 무엇이냐고 물을 때마다 목사님이라고 대답하는 것이 정말 부끄러웠습니다. 왜 아빠는 목사님이 된거냐고 아빠가 없는 곳에서는 아빠를 원망하였습니다. 그리고 목사님 딸이니까 나보고 무조건 양보하라는 것이 정말 싫어서 하나님께 왜 나를 목사님 딸로 태어나게 했냐고 원망도 많이 하였습니다. 그렇게 방황하는 시간을 보내며 예배시간에는 제가 친구들보다 더 떠들고 장난치기를 좋아했고 예배의 소중함과 중요성을 깨닫지 못한 채 그렇게 살아가고 있었습니다.

　하지만 목양을 만난 뒤 제가 다닐 수 있다는 교회가 있다는 것 자체에 감사하였고 저의 아빠가 목사님이시라는 사실이 너무나도 행복하게 느껴지고 저에게 있어서는 가장 큰 축복이라는 사실을 깨닫게 되었습니다. 그리고 목양하며 목사님의 마음을 느끼게 되었고 목사님께서 우리들 때문에 얼마나 힘드셨을지를 생각하니 눈물이 쏟아져 나오는 것이었습니다. 그렇게 전 목사님의 믿음의 동역자가 되어야겠다고 다짐을 하였고 목사님을 정말 존경하게 되었습니다. 목사님을 존경하는 마음을 가지고나니 당연히 교회의 모든 것은 소중하게 느껴졌고 믿음생활도 더욱 열심히 하게 되었습니다.

열등감을 버리고 자존감을..

　그리고 두 번째 성품의 변화는 저의 성격이 완전히 달라진 것입니다. 목양을 만나기 전에는 항상 열등감을 가지고 있었고 정말 내성적이어서 친구에게 말 한마디 잘 걸지 못하였으며 다른 사람을 이끌지 못하고 이끌려 다니는 사람이었습니다. 하지만 목양을 만난 뒤 옛날의 저의 모습은 어디 갔는지 찾아 볼 수도 없을 만큼 저는 달라진 성격을 가지게 되었습니다. 열등감을 버리고 자존감을 가지게 되었으며 정말 밝고 당당해지고 학교동아리 등의 리더의 역할을 수행하는 사람이 되었습니다. 저도 이런 저의 모습이 정말 신기하고 제 자신에게 당당해 질 수 있다는 것이 무척 뿌듯했습니다. 목양을 하면 이러한 성품의 변화도 눈에 띄게 확실하게 보게 될 수 있습니다.

　이제 마지막으로 공부의 변화에 대하여 말하겠습니다. 저는 목양을 하게 되면서 정말 큰 성적 향상을 경험하게 되었습니다. 고등학교에 들어갔을 때 저는 비교적 좋은 내신 성적을 받았습니다. 대부분의 주요 과목이 1,2등급을 받았습니다. 하지만 수학이 4등급이었고, 모의고사를 쳤는데 100등 안에도 들지 못하는 점수를 받게 되었습니다. 고등학교에서 상위권 학생들을 관리 할 때는 주로 모의고사 성적을 사용하기 때문에 모의고사 점수는 매우 중요했습니다. 하지만 저는 내신 성적만 믿고 이 정도면 되겠지 하는 마음에 공부에 대한 기도를 열심히 하지 않았습니다. 모의고사 점수는 계속 낮은 점수를 유지하였고 수학 성적도 쉽사리 오르지 않았습니다. 그러던 중 목양수련회에 갔을 때 목사님께서 목양제자는 공부도 1등을 해야 한다고 하셨고 공부를 두고 기도를 해야 한다는 말씀을 하셨습니다. 그 때 저는 공부를 두고 하루 한 시간 기도해야겠다는 마음을 가졌고 고2, 3월 모의고사를 두고 기도하기 시작했습니다. 그리고 3월 모의고사를 쳤는데 100등 안에 들지 못했던 제가 35등 안에 들게 된 것입니다. 그 후로 모의고사 점수는 항상 좋은 점수로 유지되었고 모의고사 상위권 학생들을 관리하는 체제인 정독반이라는 곳에서 공부하게 되었습니다. 그리고 내신성적 중 가장 약했던 수학과목이 40점에서 80점 이상으로 올라 2등급을 받게 되었습니다. 그리고 시험치기 전에 기도를 하고 치니 찍은 것도 맞게 되더라구요.

성경의 힘

그리고 또 하나 제가 경험한 것은 성경의 힘 이었습니다. 제가 평소 성경읽기를 정말 게을리 해서 주일날 잠깐 보고 마는 것이 성경이었습니다. 하지만 고등학교 2학년 2학기에 들어오면서 성경을 하루 5장씩 공부하기 전에 읽기 시작하였습니다. 그리고 2학기 모든 시험을 다 치고 1학기와 성적표를 비교해보니 성적이 눈에 띄게 많이 향상되었습니다. 3등급 받던 영어, 과학 과목이 1,2등급으로 올랐고 국어 관련 교과는 항상 1,2등급을 받게 되었습니다. 그리고 성적이 오르니 절 모르던 선생님들께서도 저에게 관심을 가지며 저의 이름을 외우시는 선생님들이 점점 늘어갔습니다. 이렇게 예전에는 선생님들과 전혀 관계를 맺지 못했던 제가 선생님들과의 관계회복이 되었습니다.

목양을 한 뒤 저는 이렇게나 많은 변화를 겪었으며 앞으로도 더 많은 변화를 겪기 위해 열심히 기도하며 목양을 하고 있습니다. 부족한 저지만 하나님께서는 저를 세계적인 리더로 세워 주신다는 것을 믿으며 더 열심히 목양하며 나아가겠습니다. 세계정복 목양제자!!!

교회 다니는 건
내게 무거운 짐!

부산 예환꿈교회 _ 고2 지 아 연

날마다 우리 짐을 지시는 주 곧 우리의 구원이신
하나님을 찬송할지니라 (셀라)
시편68:19

교회 다니는 건 내게 무거운 짐!

제가 목양을 몰랐을 때 왜 사는지 이해가 안 되고 삶의 목적을 몰랐습니다. 방황이 심하고 모든 것을 포기하는 마음이 쉽게 들었던 저는 부정적인 생각을 많이 했습니다. 그리고 공부를 해도 해도 안 되어서 포기도 많이 하고 거의 꼴등하는 수준이었습니다. 하는 일 마다 짜증과 불만이 가득 하였고 항상 마음속에는 부정적인 생각으로 가득 차 있었습니다. 긍정적인 생각을 하려고 노력을 해도 집에만 들어오면 부모님의 잔소리 때문에 늘 집을 나가고 싶었습니다.

그리고 아버지께서 술을 좋아하셔서 술을 드시기만 하면 교회에 대한 욕과 저에게 핍박을 하였습니다. 저희 가정은 하나님을 믿지 않기 때문에 교회 다니는 것을 싫어하고 방해하여 교회 다니는 것이 너무 힘들고 영적전쟁이 심하였습니다. 특히 할머니와 아버지께서 교회에 대한 부정이 심하셨기 때문에 이런 가정환경 속에서 교회를 다니기란 저에게 무거운 짐이었습니다.

너 때문에 죽은거라며 핍박을..

제가 교회에 꾸준히 다니고 있을 때에 할머니께서는 과거에 돌아가신 삼촌이 교회 다니는 너 때문에 죽은 거라며 핍박을 하였습니다. 그때 저는 어떻게 해야 할지 몰랐고 교회에 나가야 될지 말아야 할지 갈등이 심했습니다. 제가 교회를 다녀서 가족과의 갈등이 생긴 것은 아닌지, 매일 이런 생각을 하였고 교회에 가서도 아버지께서 찾아 오실까봐 두려움 때문에 예배에 집중할 수가 없었습니다. 목사님께서는 아무리 힘들고 두려워도 하나님만 생각하면 다 해결 될 거라고 말씀하셨지만 저는 그 말이 믿어지지 않았습니다. 제가 힘들 때 마다 주님께 도와달라고 울면서 기도를 하여도 제 기도에 주님은 응답 해 주시지 않으셨고, 청소년 수련회 가서도 "주님! 가정 복음화가 일어날 수 있도록 도와주세요." 라고 간절하게 기도를 하였지만 마귀는 제가 부정적인 생각을 하게 만들었고 기도를 하지 못하도록 저를 쓰러뜨렸습니다.

힘겨운 영적전쟁

그리고 청소년 수련회를 가는 것도 어렵고 부모님께 수련회를 가고 싶다는 말도 꺼내지 못하였습니다. 청소년 수련회 가는 것을 부모님께 거짓말을 하고 가야했습니다. 그 뒤로 매일 청소년 수련회를 참석할 때 마다 기도시간에는 마귀가 공격을 하였고 마귀의 공격을 이기려고 발버둥도 치고 노력도 해 보았지만 무서움과 두려움에 마귀의 공격에 눌려 기도는 전혀 할 수 없었습니다. 교회에 다니고 있었지만 저는 목양과 기도와 말씀에 충만하지 않았었습니다. 그런데 작년 여름 목양 청소년 수련회에서 목양과 공부와 성품을 회복하고 싶었습니다. 2박 3일인 목양 청소년 수련회에서 첫째 날, 저녁에 주여 천번을 외치는데 이때 저는 다리에 힘이 빠지며 마귀에게 공격을 받는줄 알기에 쓰러지지 않으려고 하니 많이 힘들었습니다. 저는 이런 모습이 답답하고 한심했습니다. 그래서 주님께 기도 했습니다. "주님 이제 마귀에게 공격 받지 않도록 저를 붙잡아 주세요." 라며 울며 부르짖었습니다. 그런데도 주님은 저에게 말씀하시지 않으셨습니다.

딸아 내가 너를 사랑한다

그 날, 저녁 기도 때 결국 저는 쓰러지고 말았습니다. 전 기도를 하고 싶었지만 사단은 저를 놓지 않았습니다. 이런 저를 하나님은 포기하신 줄 알았고 매우 원망스럽기도 했습니다. 이런 마음이 들고 있었을 때 하나님이 저에게 나타나셨습니다. 하나님이 이렇게 저에게 말씀하셨습니다. "딸아 내가 너를 사랑한다. 내가 너를 사용하리라" 저는 그 순간 하나님께 그 동안 주님을 의심하고 원망했었던 제가 바보 같고 너무 죄송하여 회개의 마음에 눈물이 쏟아져 내렸습니다. 저는 그런 주님께 감사했고 이제 돌아가면 후회스러운 삶을 살지 않겠다고 다짐하며 집으로 돌아왔습니다.

주님!! 우리 학교를 살려주세요

수련회를 갔다 온 후 제 삶은 어느 때 보다 더 힘이 났고 하나님이 함께하신다는 마음에 기쁨에 넘쳐 살았습니다. 이런 주님을 친구들에게 알리고 싶었습니다. 저희 학교는 여고인데 실업계라서 반에 30명 중 거의 술, 담배를 하고 교회를 다니는 친구들마저 술, 담배에 빠진 아이들을 보았을 때, 안타까웠고 주님을 전해주고 싶다는 마음이 들었습니다. 그렇지만 전도에 대한 두려움에 휩싸여서 전도를 잘 하지 못했습니다. 은혜를 받은 후 하나님에 대한 의심이 사라졌지만 전도에대한 두려움은 여전했습니다. 그래서 기도하기 시작했습니다. "주님 우리 학교를 살려주세요. 저를 통하여 방황하는 친구들이 하나님을 알게 하시고 주님을 만나고 목양 동역자로서 사용하여 주세요!" 라고 기도하였습니다. 기도하면 마음이 평안해지면서 나도 할 수 있다는 믿음이 생겼습니다. "그래! 이제 나도 전도 할 수 있다!!"라고 외쳤습니다. 고백할 때마다 자신감이 솟아오르고 전도에 대한 두려움이 사라졌습니다.

전도를 하기 시작

다시 한 번 전도를 해보고 싶다는 생각이 강하게 들어오자 곧 전도를 하기 시작했습니다. 먼저 친구들에게 "OO 야 교회 다니니?" 라고 물었습니다. 다니는 친구도 있었고 다니지 않는 친구도 있었습니다. 먼저, 다니는 친구들에게는 다니는 교회에 잘 다니고 예수님도 잘 믿으라며 격려와 힘을 주었고, 다니지 않는 친구에게는 나와 함께 우리 예환꿈교회에 가자며 처음에는 일방적으로 끌어들였습니다. 저에게 전도되어 온 친구는 처음 잘 오다가 서서히 오기 싫다고 했습니다. 처음에 친구가 오기 싫다고 했을 때 마음이 아팠고 어떻게든지 교회를 다니게 해주고 싶었습니다. 그래서 매일 친구들을 마음에 품고 기도하며 힘들때는 영적 어머니이며 스승이신 박정숙 사모님께서 많은 힘이 되어주셨습니다. 박정숙 사모님께서는 항상 저를 챙겨주시고 친딸처럼 아껴 주셨습니다. 힘들 때 마다 중보기도로 힘을 주셨고 제가 이렇게 목양하며 살게 해주신 분입니다. 제가 교회에 나오지 않았을 때 사모님이 마음 아파했던 것을 저는 이번에야 깨달았고 하나님 아버지의 마음을 깨닫게 되었습니다. 저는 아버지의 마음을 가지고 살아간다는 것이 너무 기뻤고 하나님께서 함께 하시는 것이 확실 해졌습니다. 늘 그런 마음을 가지고 전도를 계속하였습니다.

하나님이 친구를 통해..

여름 수련회 갔다 온 뒤부터 저는 20여 명의 친구들을 전도했습니다. 그 중에 문화상품권을 받으려고 오는 친구도 많았지만 저는 그 친구들이 우리 교회에 와서 찬양을 하고 말씀을 듣는다는 자체가 너무 기뻤고 힘이 되었습니다. 그 중에 교회에 대해 관심이 많고 교회에 가고 싶다는 친구가 있었습니다. 저는 그 친구만 보면 정말 기쁘고 행복했습니다. 근데 그 친구가 학원 때문에 교회를 시험기간에 빠지는 일이 종종 있었지만 시험기간 빼고는 자주 교회에 나와 저와 함께 예배를 드리며 마음의 문이 점점 열리기 시작했습니다. 그 친구가 수련회를 가고 싶다고 했을 때 저는 너무 기뻤습니다. 하지만 그 친구는 교회를 다니지 않는 부모님이 반대해서 참석 못했지만 전 실망하지 않았습니다.   다음 수련회에는 꼭 데리고 갈 수 있다는 확신이 들었습니다. 다음 수련회에 꼭 같이 은혜를 받고 하나님을 만나게 해주고 싶었습니다. 이런 저의 마음을 하나님이 이 친구를 통해 주셔서 고맙고 감사하며 살았습니다.

공부, 세계적인 리더로 만들어 가는 축복의 통로!!

제가 이런 마음을 품고 다니며 공부할 때 주님은 저에게 지혜를 부어 주셨습니다. 제가 성적을 올려 친구에게 간증하고 싶다는 마음을 가지니까 주신 것 같았습니다. 은혜가 충만하지 않았을 때 공부에 대한 생각은 하기 싫었고, 제 인생의 적이었고, 공부가 없는 세상에 살고 싶을 정도였습니다. 그런데 지금은 은혜를 받고 공부에 대한 생각이 바뀌었습니다. 공부는 나를 세계적인 리더로 만들어 가는데 가장 큰 축복의 통로이고 저에게 부모님을 전도할 수 있는 계기가 될거라 깨달았습니다. 이런 생각을 가지고 살아가니까 공부가 잘되었고 재미가 생겼습니다. 재미를 가지고 공부를 하다 보니 성적이 팍팍 올라갔습니다. 1학기에는 12과목에서 1등급이 하나도 나오지 않았습니다. 은혜를 받고 난 2학기에는 무려 12과목에서 5과목이 1등급이 나왔고 반에서 14등에서 5등으로 올라갔습니다.

성적 오를 수 있게 도와주면 안 되니?

저의 반 친구 중에 성적이 오르고 싶은 친구가 제가 성적이 향상되는 것을 보고 저에게 찾아와 "아연아 나도 성적 오를 수 있게 도와주면 안 되니?"라고 부탁하였습니다. 공부에 자신감이 생긴 저는 흔쾌히 허락을 해 주었고 다음날 친구와 함께 공부를 하였습니다. 시험기간이 다가오자 그 친구는 더욱 간절함이 생겨서 교회에 나와 함께 예배도 드리고 기도도 하였습니다. 시험을 친 후 그 친구는 암기과목 모두다 40점대에서 90점대로 점수가 올라갔고, 친구의 시험 점수를 보고 놀라기는 저도 마찬가지였습니다. 이렇게 까지 하나님이 저를 도와주시는 것이 믿기지 않았고 너무나도 감사했습니다. 제가 이렇게 성적에 변화가 생기자 부모님은 교회에 대한 부정이 점차 줄어들었고 가정도 행복해졌습니다.

교회 다니는 애가 제사를 왜 드리냐?

부모님은 그렇게 가지 말라던 수련회도 이번 성적 때문에 보내주는 거라며 좋게 보내주셨고 교회에 다신 가지 말라던 부모님은 이제는 가도 뭐라 안하시고, 요번 설날는 교회 다니는 애가 제사를 왜 그리 냐며 하지 말라고 하셨습니다. 저는 너무나도 하나님께 감사했습니다. 아버지의 마음과 공부는 나의 축복의 통로라고 생각하며 전도하고 살아왔던 저에게 지혜를 부어 주신 것을 너무나도 감사합니다.

저는 부모님께 주님을 전하는 것을 포기 하지 않을 것입니다. 주님이 반드시 가정복음화를 이루어 주신다고 하셨고, 저도 그렇게 믿으며 기도 하였으니까요. 저의 목표는 재적 50명, 출석 10명, 제자 5명을 세우는 것이고 공부는 올해 2학년 때 전 과목 1등급, 전교 10등 안에 들고 기도 1시간 하는 것인데 꼭 해 낼 것입니다.

가정이 변화되면서 저의 성품마저 변화

그리고 가정이 변화되면서 저의 성품마저 변화되었습니다. 예전에는 부모님께서 잔소리를 하실 때 마다 짜증으로 받아들였지만 지금은 부모님께 순종하고 부정적인 생각에서 긍정적인 생각으로 바뀌었습니다. 저의 이런 환경에서도 하나님은 저를 도와주셨습니다. 여러분도 하나님께 구하시면 하나님이 함께 하실 것입니다. 여러분도 공부1등, 전도1등, 성품1등 하실 수 있습니다. 끝으로 저를 구원해 주시고 임마누엘 되시는 하나님께 영광 돌립니다. 또 목양을 만나게 해주신 한성택 목사님과 저를 사랑하시는 박정숙 사모님께 진심으로 감사드리며 간증을 마치겠습니다. 하나님 아버지 사랑합니다!!

목사님, 사모님 사랑합니다.

제발 내 다리 좀
부러뜨려 주라! 응?

더 풍성한교회 _ 고3 최 은 진

너는 마음을 다하고 성품을 다하고 힘을 다하여
네 하나님 여호와를 사랑하라

신명기6:5

나는 왜 이런 가정에?

제가 7살 때 아빠의 권유로 저희 가족들은 함께 교회에 다니기 시작했습니다. 교회를 어렸을 때부터 다녔음에도 불구하고 예수님을 진정으로 만나지 못하고 삶의 목적이 없었기에 방황하는 삶을 살수밖에 없었습니다. 목사님께서 피아노 반주를 시키셨을 때에도 감사하기 보다는 짜증을 냈었고 반주만 끝나면 예배는 드리지 않고 친구들과 놀러 다니기 바빴습니다. 교회 집사님이신 엄마의 강요 때문에 억지로 예배에 참석하기는 했지만 꾀병을 부리거나 여러가지 핑계를 대며 모든 예배와 기도회에 참석하지 않은 적이 많았습니다. 어렸을 때 저의 집의 가정형편이 좋지 못해 부모님을 원망하며 '나는 왜 이런 가정에 태어나 이런 고생을 해야 하나!' 라는 생각을 했었고 내 스스로에 대한 열등감으로 사로잡혀 있었습니다.

이런 환경만을 바라보며 내 자신을 사랑하지 않았고 나를 힘들게 하는 세상과 가정이 너무나 싫었습니다.

공부 포기, 자존감 바닥

낮은 열등감에 사로잡혀 사람이 많은 곳이나 사람들 앞에 나가는 것을 싫어해서 사람이 많은 버스에 타는 것조차 싫어했습니다. 저의 성격 또한 나만 아는 자기 중심적이어서 친구들과 자주 싸웠고 부모님과 동생들에게도 많은 상처를 주었습니다. 또한 믿음을 가지고 하나님께 모든 일을 맡기기보다는 여러가지 환경들을 바라보며 모든 일에 걱정을 많이 했습니다. 그래서 한 가지 걱정이 있으면 그 걱정 때문에 아무것도 못 할 정도로 힘들어 했습니다. 저의 성적은 중학교 때에는 전교 10등 안에 들 만큼 공부를 잘했었지만 고등학교에 들어오면서 성적이 떨어지기 시작하였습니다.

저의 야망으로 공부를 잘하던 중학교 때에는 점수 1점, 2점이 오르고 내리는 것에 대해서 민감하게 받아들이고 힘들어 했었는데 고등학교 들어오면서 성적까지 떨어지자 주위에서 오는 부담감과 내 스스로에 대한 실망과 좌절감이 나를 너무 힘들게 했고 결국은 공부를 포기하게 되었습니다. 나 스스로 다른 사람과 나를 비교하며 나의 자존감은 바닥으로 내려갔습니다.

자존감이 내려가자 삶의 희망이 사라지고 삶의 목적 또한 없었기에 항상 입에는 거친 폭언과 행동으로 가득했으며 나 스스로도 나를 통제하지 못하는 포기하는 삶을 살고 있었습니다.

세계적인 리더라는 것이 마음으로 믿어지면서

그러던 어느 날 목사님께서 여름 수련회로 목양 수련회에 가신다고 하셨습니다. 처음에는 '매년 가는 수련회인데 뭐가 다른 것이 있을까?' 하며 아무런 기대 없이 수련회에 참석하게 되었는데 목양수련회에서 한성택 목사님께서 하나님이 나를 세계적인 리더로 만드셨다고 말씀하셨습니다. 그 말씀을 들었지만 내가 세계적인 리더라는 말이 내 마음에 와 닿았지 않았고 믿어지지 않았습니다.

첫날 저녁 '주여'천 번을 외치는 기도시간에 저는 제가 세계적인 리더라는 것이 마음으로 믿어지면서 저의 자존감이 회복되기를 위해서 간절하게 기도했습니다. 그렇게 기도를 하던 중 제 눈앞에 지금까지 살아왔던 저의 아픈 상처들과 혼자라는 외로움으로 자살의 충동까지 느끼던 저의 모습이 지나가는 순간 하나님의 음성이 들렸습니다. "한 번도 너를 잊은 적이 없다. 내가 너를 세계적인 리더로 만들었다."라고 하나님께서는 분명하게 말씀하셨습니다. 그 음성을 듣는 순간 정말 제가 세계적인 리더라는 것을 믿게 되었고 내 안에 가득했던 열등감과 낮은 자존감을 버리게 되었습니다.

그 후에 저는 자존감이 확실히 세워지게 되었고 저의 삶의 목적이 목양이라는 것을 받아드리게 되었습니다. 더 이상 나의 욕심과 나의 이익을 위해서 사는 것이 아니라 죽어가는 다음세대를 살리기 위해서 나의 삶을 드리는 삶을 살아야겠다고 다짐했습니다. 무엇보다도 하나님, 나, 공부, 부모님, 학교 이 5대 관계가 회복되면서 내 삶에서는 크게 몇 가지 부분에서 놀라운 변화가 일어나기 시작했습니다.

다시 한 번 내 자존감은 처참하게 무너지고..

첫 번째로 저는 삶의 목적이 없었는데 하나님이 나에게 목양하라고 명령하셨다는 말씀을 듣고 수련회를 다녀 온 후에 목양을 내 삶의 목적으로 받아들이며 목양을 시작하게 되었습니다. 지금은 재적이 58명이고 저를 도와주는 제자들이 많이 세워졌지만 처음부터 목양이 잘 되었던 것은 아니었습니다. 저는 하나님을 위해서 목양을 한다고 입으로 고백은 했지만 하나님을 위한 목양이 아니라 내가 나를 높이려고 내 욕심대로 목양을 했던 것이었습니다. 그래서 목양하면서 목양이 잘 안되면 기도하기 보다는 짜증을 먼저 냈고 제자들에게 질책하며 화를 내기에 급급했었습니다. 6개월 동안 내 욕심처럼 목양이 되지 않아 빵반으로 있으면서 '왜 나는 목양을 못하는 거지?' 라는 생

각을 하게 되고 '나는 안 된다.' 라는 생각과 '나는 할 수 없다.' 라는
생각으로 목양을 포기할 지경까지 이르게 되었습니다. 다시 한 번 내
자존감은 처참하게 무너지고 목양이 너무 싫었습니다.

저의 목양의 문제점들을 발견

그러던 어느 날 몇몇 교회 리더들과 함께 수련회 투어를 가게 되었
고 '이번 수련회 투어를 통해 목양을 회복하자.' 라는 간절한 마음으
로 수련회를 기도로 준비하게 되었습니다. 수련회 투어를 다니면서
저의 목양의 문제점들을 발견하게 되었습니다. 목양을 하나님의 뜻
에 순종하며 하기 보다는 내 마음대로 내가 하고 싶으면 하고 하기
싫으면 안했던 모습들, 나를 버리지 못하고 나의 욕심만을 채우려했
던 잘못된 모습들을 깨닫게 되었던 것입니다.

수련회 투어 이후에 정말 이제 내가 목양에 목숨을 걸어야겠다고
다짐했습니다. 그래서 텔레비전과 컴퓨터를 했던 시간들을 아예 없
애고 그 시간에 기도를 하기 시작했습니다. 목양은 내 힘과 내 능력
으로 하는 것이 아니라 주님이 도와주셔야 한다는 것을 깨달았기에
나의 시간을 버리고 목양을 위해서 기도시간을 늘렸습니다. 그러자
점점 전도가 되기 시작했고 '새로운 생활' 이라는 양육 책을 가지고
한명씩 양육을 시작하게 되면서 저의 목양을 도와주는 부 리더가 세
워지게 되었습니다.

내 모든것을 다 걸었던 아이였는데..

하지만 '목양이 이제 잘 되는구나'라고 생각할 틈도 없이 저에게 목숨 건다던 부 리더가 아무런 이유 없이 교회에 더 이상 다니지 않겠다고 저에게 문자를 보내왔습니다. 정말 믿었던 아이였고 내 모든 것을 다 걸었던 아이였는데 저에게 교회에 다니지 않겠다고 하자 저는 정말 마음이 무너졌습니다. 마음이 너무 아파서 예배시간에도 피아노 반주를 하며 계속 울기만 했습니다. 저는 제 모든 것을 그 아이에게 걸었는데 제 마음도 몰라주는 부 리더가 너무 섭섭하기만 했습니다. 그러나 그 제자를 위해 기도하면서 지금까지 제가 목사님, 간사님 그리고 부모님께 못되게 하고 마음 아프게 해드렸던 저의 잘못된 모습들을 돌아보게 되면서 다시는 나의 잘못된 모습으로 그분들께 상처를 드리지 말아야겠다고 다짐했습니다. 제가 저의 부 리더처럼 목사님의 마음을 모른 체 목사님의 마음을 아프게 해드릴 때도 목사님께서 저를 포기하지 않으시고 기도와 사랑으로 저를 품어주셨듯이 저도 저의 인간적인 섭섭함을 버리고 부 리더를 기도와 사랑으로 품기 시작했습니다.

절대 포기하지 않으리라는 믿음

그래서 그 영혼을 위해서 새벽마다 기도하고 저녁에 남아서 철야하고 주일날 혼자 남아서 기도했습니다. 심방을 가면 부 리더의 어머니가 저에게 다시는 집에 찾아오지 말라고 하시며 이제 다시는 교회에 보내지 않겠다고 말씀하셨고 부 리더도 집 안에 숨어서 저를 만나주지 않았습니다. 그럴수록 저는 영혼을 절대 포기하지 않으리라는 마음으로 지속적으로 찾아가 부 리더의 집 문에 손을 대고 기도하고 답장도 오지 않는 문자를 날마다 보내며 부 리더가 회복되기 위해서 노력했습니다. 한 달 정도 지나서 부 리더에게 미안하다며 다시 교회에 오겠다는 문자를 받았습니다. 전에는 부 리더이면서도 주일날 아침 늦잠자고 저의 사역을 돕기는 커녕 저를 힘들게만 했었는데 한 번의 고비를 겪은 지금은 저에게 매일 힘내라고 문자와 편지 기도를 통해 제게 큰 힘을 주는 제자가 되었습니다.

또한 제자들이 서로 짜고 교회 안 오겠다고 저에게 전화로 통보만 하기도 하고 택시비까지 내주며 예배에 참석시켰더니 간식만 먹고 도망가는 등 나를 힘들게 하는 제자들이 있었지만 그 때마다 나의 기도의 부족함으로 제자들이 세워지지 못하는 거라는 생각을 하게 되면서 한 영혼 한 영혼을 위해서 더욱 열심이 기도하게 되었습니다. 그러자 변하지 않을 것만 같았던 제자들이 변하여 지금은 교회를 이끄는 든든한 리더들로 세워지게 되었습니다. 지금은 저에게 그 때 포기하지 않고 자신을 위해서 기도하고 심방하며 자신을 교회로 인도해줘서 고맙다는 말을 저에게 합니다.

제발 내 다리 좀 부러뜨려 주라! 응?

목양을 하면서 제자들 말고도 여러 고난이 있었습니다. 특히 고1때 수학여행 날짜와 저희 교회 목양 컨퍼런스 날짜가 겹치게 되었습니다. 교회에서는 반주자이고 학교에서는 반장이여서 결정을 내리기 힘들었지만 기도하다가 수학여행을 하나님이 가지 말라는 음성을 주셨습니다. 수학여행을 가지 않을 방법으로 내 다리를 부러뜨리려고 교회 농구대를 차보기도 하고 남자애들에게 다리를 차주라고 했지만 다리가 생각만큼 쉽게 부러지지 않았습니다.

그래서 마지막 방법으로 교회 비상계단에서 뛰어 내렸는데 놀랍게도 발이 부어오르기 시작했습니다. 그 날이 주일이어서 전문의가 아니라 종합병원에 주말 근무하는 의사선생님께 발을 검진을 받게 받았었는데 엑스레이를 찍어보니 발 뼈가 부러져 수학여행을 가면 안 된다는 것이었습니다. 그래서 수학여행을 가지 않고 목양컨퍼런스에 참석하게 되었는데 더욱 더 놀라운 것은 그 다음날 전문의가 제 발을 검진한 결과 발에 아무 이상이 없다는 것입니다. 그 때 하나님이 정말 하나님이 살아계심을 느꼈고 또한 제가 하나님의 일을 우선시 하는 것을 보시고 지금 저의 목양사역에 하나님께서 축복하셨다는 것을 저는 믿습니다.

공부를 위해서 삼일 금식하다

두 번째로 공부에도 많은 변화가 나타났습니다. 성적이 떨어져 공부를 거의 다 포기한 상태로 학교에서 돌아오면 언제나 저는 공부는 커녕 잠자기에 바빴습니다.

그런데 5대 관계가 회복되면서 하나님이 공부를 나에게 축복으로 주셨다는 것을 믿게 되었고 내 안에 공부를 잘할 수 있다는 믿음과 공부를 하고 싶다는 마음이 생겼습니다. 또한 내가 세계적인 리더이기 때문에 지성도 갖춰야 겠다는 그 마음이 들어오게 되면서 그 이후부터 하루에 30분 이상씩 공부를 위해서 기도하고 잠을 4시간 30분

정도로 줄이며 공부를 열심히 하기 시작했습니다. 저녁 겟세마네 기도회 이후에도 집에 가지 않고 동생인 희진이와 함께 남아서 교회 공부방에서 공부하며 새벽기도에 참석했습니다. 저의 수면시간은 줄었지만 오히려 이전보다 수업시간에 집중하고 열심히 공부하면서 자연스럽게 학교 선생님들과의 관계도 회복되었습니다. 중간고사 일주일 전에는 제자와 함께 공부를 위해서 3일 금식도 하면서 중간고사를 준비했습니다. 그러자 중간고사에서 모든 과목의 점수가 올랐습니다. 특히 시험지를 봐도 풀 수 있는 것이 없어 찍기에 바빴던 수학이 26점이였는데 중간고사 때 80점을 받아서 반에서 3등을 하고 전교에서는 12등을 하게 되었습니다. 다른 과목들도 영어는 54점에서 92점으로 국어 또한 50점에서 85점으로 올랐습니다. 사회 과목 중 하나인 정치는 100점을 맞아서 1등급으로 고등학교 들어와서 처음으로 교과우수상도 받게 되었습니다. 과외를 받은 것도 아니고 교회에 예배에 참석하느라 다른 아이들에 비해서 공부할 시간이 없었지만 하나님이 나를 공부 잘 하게 만드셨다는 5대 관계 중 공부와의 관계가 회복되었기에 저의 성적이 올랐다고 저는 확신합니다.

온 가족이 통합된 가정으로 변화

세 번째로 그 전에는 저의 가정을 보면서 불평하고 하나님께 원망을 많이 했었지만 나의 삶의 목적을 발견한 후에는 우리 가정을 위해 기도하기 시작했습니다. 그러자 분열되고 하나로 합쳐지지 못했던 가정이 통합되기 시작했습니다. 특히 저는 아빠와의 관계가 좋지 못했는데 5대 관계 중 부모님과의 관계가 확실히 회복되면서 아빠와 관계가 좋아지고 아빠 또한 놀랍게 변하셨습니다. 그 전에는 무뚝뚝하셨는데 이제는 자상하시고 다정하게 변하셨습니다. 이제는 더 이상 분열되고 힘든 가정이 아니라 목양으로 온 가족이 통합된 가정으로 변화하였습니다.

이제야 좀 인간으로 보인다

네 번째로는 사람이 많은 버스에 타는 것조차 싫어했었는데 하나님과 나와의 관계가 회복되면서 자존감이 세워지자 그런 것들이 없어지게 되었습니다. 제가 세계적인 리더라는 사실이 믿어지자 세계적인 리더로서 저의 잘못된 성품도 변해야겠다고 다짐했습니다. 지금은 성격이 많이 변하면서 친구들과의 싸움도 없어지고 앞에 나가기 싫어했던 제가 반장까지 하게 되는 하나님의 놀라운 은혜가 제 삶속에 나타나게 되었습니다. 지금은 대인관계가 좋아지면서 저의 성격을 닮고 싶다고 하는 친구들도 생기게 되었습니다. 특히 저의 모든 것을 다 알고 계시는 엄마께서는 제가 목양을 만나서 인간이 됐다고 하시고 동생들 또한 언니가 많이 변했다고 합니다. 목사님께서도 제가 이제야 좀 인간으로 보인다고 하실 정도로 제가 많이 달라졌다고 하십니다. 그 전에는 나를 드러내기에 바빴고 언제나 내 중심적으로 모든 것이 돌아가야만 한다고 생각했던 저였지만 이제는 나를 버리고 다른 사람을 세우는 일에 나의 우선순위를 두게 되었습니다. 아직도 많이 부족하지만 겸손하시고 온유하신 예수님의 성품을 닮아가기 위해서 날마다 기도하고 있습니다.

국회를 하나님의 복음으로 장악!!

정말 희망이 없었던 저의 삶이 5대 관계가 회복되면서 180°로 달라졌습니다. 저는 청와대와 국회를 하나님의 복음으로 장악하는 정치가가 되는 것이 저의 꿈입니다. 링컨이 백악관을 기도실로 만들었듯이 저 또한 정치계가 하나님의 주권아래에 다스려지도록 하는 일을 해야겠다는 비전을 5대 관계가 회복된 후에 품게 되었습니다. 하나님이 주신 비전을 이루기 위해 목양, 공부, 성품 모든 면에서 흠이 없는 사람이 되려고 날마다 기도하며 노력하고 있습니다.

저에게 목표가 있습니다. 재적 200명과 함께 목사님과 교회를 위해 목숨거는 리더 12명을 세우는 것입니다. 그리고 공부는 이번년도 수능에서 올 1등급을 목표로 하고 있고 내신은 전교1등을 1년 동안 한 번도 놓치지 않는 것입니다.

정말 변하지 않을 것 같은 저를 포기하지 않으시고 끝까지 믿고 기도해주신 존경하는 담임 이수철 목사님, 부모님, 간사님 너무 감사하고 사랑합니다.

이 모든 것이 나를 지으시고 부르시고 보내신 하나님의 은혜입니다. 주님 큰 영광 받으소서!

내게 능력 주시는 자 안에서
할 수 있어요
공부1등 성품1등

학교는 더 이상 감옥이 아닌 기쁨의 장소

더 풍성한교회 _ 고1 최 홍 영

네 아버지와 어머니를 공경하라
이것이 약속있는 첫 계명이니
이는 네가 땅에서 잘되고 장수하리라
에베소서6:2-3

어쩔 수 없이 한 번씩 간 교회

저는 처음 저희 동네에서 교회가 건축될 때까지만 해도 아무 관심이 없었는데 부모님의 계속되는 권유로 어쩔 수 없이 한 번씩 교회에 참석하게 되었습니다. 아는 친구도 없고, 사람들과 어울리는 것을 별로 좋아하지 않는 저였기에 교회에 적응하기는 쉽지 않았습니다. 어릴 때 다른 교회에 친구를 따라 여름성경학교에 몇 번 참석해보기는 했지만 어른들과 함께 드리는 통합예배는 저에게 지루한 시간이기만 했습니다. 그러다가 찬양간사님이 찬양 팀에 함께 하지 않겠냐? 는 권유로 기타를 배우게 되면서 점차 교회에 적응하게 되었습니다.

내가 여기 왜 왔나?

하지만 예수님을 만나지도 못하고 삶의 목적 또한 발견하지 못한 저였기에 예배의 기쁨으로 교회에 오기보다는 기타를 배우는 즐거움으로 교회에 출석하게 되었습니다. 그러던 중 목사님의 권유로 교회 청소년들과 함께 생애 처음으로 호원대학교에서 하는 목양수련회에 참석하게 되었습니다. 수련회에 가는 동안 알 수 없는 불안함과 아무 기대감 없는 저의 모습을 보면서 '내가 여기 왜 왔나?' 라는 생각만이 가득했습니다. 호원대학교에 도착한 후 처음 집회에 참석하면서 조금 있던 기대감마저 완전히 사라지며 '내가 왜 왔을까 괜히 왔다.', '수련회 회비 아깝다.', '다신 오지 말아야지!' 라는 생각으로 한성택 목사님의 말씀이 전혀 귀에 들리지 않았습니다. 하지만, 기타를 치면서 익숙해진 찬양과 또래 아이들의 열정적인 모습 속에 나도 점차 수련회의 분위기에 익숙해지며 조금씩 마음을 열기 시작했습니다.

첫 날 저녁 '주여' 천 번을 한다고 해서 걱정을 많이 했는데 '주여' 천 번을 하면서 걱정과는 달리 그동안 전혀 믿어지지 않던 예수님은 정말 살아계신다는 믿음의 확신과 이제부터 나의 모든 것을 예수님께 드리는 삶을 살아야겠다고 다짐했습니다. 그래서인지 첫 날과는 다르게 다음 날은 더욱 기대함과 사모함이 제 안에 가득했습니다. 계속되는 집회 속에 나의 삶의 목적이 목양이라는 것과 내가 세계적인 리더라는 사실에 무너진 나의 자존감이 조금씩 회복되기 시작했습니다. 또한 교회와 목사님을 바로 알게 되면서 목숨 거는 목사님의 동역자가 되어야겠다고 다짐했습니다.

교회 우등생의 이중생활

수련회에 다녀온 후 예배드리는 기쁨과 교회와 목사님을 사랑하는 마음이 가득함으로 교회 안에서의 나의 모습은 변했지만 학교와 가정에서의 내 모습은 크게 변하지 않았습니다. 특히 학교에서는 학생과에서 주요인물로 찍힐만큼 학교에서 안 좋은 쪽으로 유명한 학생이었습니다. 술과 담배만 하지 않았을 뿐 공부도 최하위권이고, 하루가 멀다하고 일어나는 아이들과의 싸움과 아이들과 짜서 가장 싫어하는 과목의 선생님을 학교에서 몰아낼 만큼 학교에서 수업시간에 자리만 겨우 채우는 문제아 학생이었습니다. 그런 저였기 때문에 삶의 목적으로 발견한 전도하고 제자 삼는 목양의 삶을 살고 싶었지만 아이들에게 전도를 시도조차 하지 못했습니다. 그러면서 저는 점점 목양과 멀어져가고, 나의 모습에 스스로 실망하며 입으로만 삶의 목적이 목양이라고 고백하는 이중적인 삶을 살게 되었습니다. 그러던 중 몇 명의 리더들과 함께 이제는 변화하는 삶을 살고 싶다는 갈망으로 수련회 투어를 가게 되었습니다.

공부 기름부으심을 받다

처음 수련회에 참석할 때와는 다르게 기도로 준비하고 꼭 은혜 받겠다는 비장한 각오마저 제 안에 가득했습니다. 역시 기대하고 준비한 만큼 하나님은 저에게 놀라운 은혜를 부어주셨습니다. 특히 수련회 투어를 통해 공부의 기름부으심을 받자 빨리 제주도에 가서 공부하고 싶다는 마음이 제 안에 가득했습니다. 솔직히 이제까지는 공부를 왜 해야 하는지도 몰랐고 하고 싶다는 생각도 전혀 없었습니다. 그래서 나의 성적에도 별로 관심이 없었고 부모님과 선생님도 저의 성적에 대해서는 전혀 기대하지 않으셨습니다. 수련회 이후 공부를 위해 매일 기도하면서 공부를 회복하려고 노력했지만 워낙 기초도 없고 의자에 오래 앉아있는 것조차 쉽지 않았기에 매일 저와의 싸움을 해야만 했습니다.

하지만 하나님의 은혜로 여름방학동안 저는 포기하지 않고 매일 교회 공부방에서 공부하면서 기도회를 통해 조금씩 5대 관계 중 하나인 공부와의 회복이 제 삶에서 시작되게 되었습니다. 개학과 함께 이전과는 다르게 수업시간에도 집중하고 학교가 끝난 뒤에도 게임만 하며 보내던 시간에 기도하며 공부를 하게 되었습니다.

　2학기에 처음보는 중간고사에서 이전과는 다르게 하나님께 더욱 기도하며 시험공부를 했습니다. 시험결과 8점으로 바닥 치던 과학과목이 98점이라는 제 삶에서 한 번도 상상하지 못했던 점수를 받게 되었습니다. 중간고사를 통해서 나도 공부를 잘 할 수 있다는 자신감이 생기게 되면서 포기했던 공부와의 완전한 회복이 일어났습니다. 또한 이전에는 하나님이 공부를 잘 할 수 있는 능력을 주셨다는 것을 믿지 않았지만 중간고사를 통해 나는 세계적인 리더로서 공부를 잘 할 수 있는 능력을 하나님이 주셨다는 것에 대해 한 치에 의심도 하지 않게 되었습니다.

학교는 더 이상 감옥이 아닌 기쁨의 장소

　공부와의 회복이 일어나면서 친구들과의 관계도 자연스럽게 회복되었습니다. 특히 전에는 절대 어울리고 싶지 않았던 공부를 잘하는 친구들과 관계를 회복하면서 일부러 그 친구들과 가까운 자리인 앞자리에 앉고 학교에서도 집중하여 공부하며 수업에도 적극적으로 참여 하게 되었습니다. 수업시간에 망부석처럼 앉아있던 저였지만 적극적으로 변한 저의 모습을 보면서 선생님들과의 관계도 회복이 되었습니다.

　특히 과학 선생님께서는 저에게 아이스크림까지 사주시며 아이들에게도 저의 변한 모습을 소개하기도 하셨습니다. 그러자 반 아이들이 저를 보는 시선이 달라졌고 저에게 모르는 문제를 물어보는 친구까지 생기게 되었습니다. 이전에는 학교가 너무 싫고 수업시간이 빨리 끝나기를 기다리는 저였지만 이제는 쉬는 시간에도 시간을 아껴 공부하는 제가 되었습니다. 공부와의 관계가 회복되면서 학교는 더이상 저에게 감옥이 아닌 기쁨의 장소가 되자 나에게 고통을 주던 공부가 하나님이 저에게 주신 축복이 된 것입니다.

엄마가 갑상선 암이라는 선고를..

제가 어렸을 때 아버지의 재혼으로 저에게는 새엄마가 생기게 되었습니다. 큰 불만은 없었고 너무나 제게 잘해 주시는 엄마였지만 제 안에 저도 알 수 없는 부모님과의 보이지 않는 벽이 있었습니다. 그래서 어릴 때부터 모든 일을 부모님과 의논하기보다 제 스스로 결정하고 혼자라는 생각에 스스로 제가 만든 외로움 속에서 성장했습니다.

겨우 부모님과 보이지 않는 벽이 사라질 때쯤 저의 엄마가 갑상선 암이라는 선고를 받으셨고 아프신 엄마뿐 아니라 온가족의 힘겨운 1년 동안의 투병생활이 이어졌지만 결국 제가 중학교 2학년 3월에 돌아가시고 말았습니다. 엄마가 돌아가시고 텅 빈 것 같은 집과 허전함으로 인한 삶의 무게로 힘겹게만 보이던 아버지의 모습을 보면서 마음이 아파 아버지에게 힘이 되는 아들이 되고 싶었지만 생각만큼 아버지와의 관계회복은 쉽지 않았습니다.

'나도 사랑한다' 는 답장을 받는 순간 눈물이..

그러던 중 수련회를 통해 부모님과 회복되어야 한다는 말씀을 듣고 처음으로 아버지에게 '사랑한다' 는 문자를 보냈습니다. 문자를 보내기까지 저에게는 많은 용기가 필요했지만 아버지에게 나도 '사랑한다' 는 답장을 받는 순간 눈물이 날 만큼 기쁘고 하나님께 감사를 드렸습니다. 어렵게만 느껴지고 멀게 만 생각되었던 아버지와의 관계가 하나님 안에서는 너무나 쉽게 회복되었습니다.

특히 저의 공부에는 전혀 관심이 없으신 줄 알았는데 제가 변했다는 선생님의 전화를 받으시고 새벽까지 공부하는 저의 모습에 세상에서 가장 행복한 얼굴로 교회 모든 분들에게 제가 변했다고 자랑하시며 매우 기뻐하셨습니다. 아버지의 칭찬이 처음에는 너무나 어색하고 자랑하는 아버지의 모습이 낯설게 느껴졌지만 아빠와의 관계가 회복되면서 오히려 감사하게 되었습니다. 5대 관계 회복을 통해 아빠와의 관계가 완전히 회복된 것입니다.

학교에서 선생님들과 친구들에게 인정받는 삶

또한 저는 제 자신을 사랑하지 않았기 때문에 제 스스로에 대한 자신감이 없었습니다. 그래서 다른 사람들과 친해지기 쉽지 않았고 사람들과 어울리는 것도 좋아하지 않았습니다. 특히 제 안에 언제나 분노가 가득했기 때문에 조금이라도 다른 사람이 저를 무시하거나 제 마음에 들지 않으면 화를 내고 때로는 폭력적으로 변하기도 했습니다. 학교에서 선생님이 저를 훈계하실 때마다 스스로 화를 참지 못해 선생님 앞에서도 분노를 표출하며 주먹으로 벽을 치고 차마 입에 담을 수도 없는 폭언을 내뱉던 저였지만 목양을 통해 내 자신과의 관계가 회복되면서 자존감이 세워지고 나를 사랑하는 법을 알게 되었습니다. 그러자 다른 사람과의 관계에서도 자신감이 생기고 폭력적이던 성격이 부드러워 지면서 나보다는 다른 사람을 먼저 배려하게 되었습니다. 그러자 친구들뿐만 아니라 선생님들까지도 저를 이전까지와는 다른 눈으로 바라보게 되었고 친구들과 선생님의 강력한 추천으로 3학년 때에는 반장도 하게 되었습니다. 그 전에는 여러가지 문제들을 일으키는 문제아여서 벌을 받기 위해 언제나 교무실을 드나드는 저였지만 이제는 학교에서 선생님과 친구들에게 인정받는 삶을 살게 되었습니다. 저 자신과의 완전한 회복이 일어난 것입니다.

목양을 만나 하나님과의 관계, 공부와의 관계, 부모님과의 관계, 나와의 관계, 학교와의 관계들이 회복되면서 제 삶 속에서 놀라운 변화들이 일어났습니다. 아직 저에게 목숨거는 제자가 세워지지는 않았지만 포기하지 않고 많은 제자들을 세우기 위해 기도하며 전도하고 있습니다.

1%의 CEO가 되어 오직 하나님의 방식대로

저는 삶의 목적을 발견하기 전에는 저를 사랑하지도 않고 저를 믿지도 못했기에 아무런 비전도 없는 희망없는 삶을 살았습니다. 하지만 목양을 통해 5대 관계가 회복되고 삶의 목적이 목양임을 알게 되면서 세계적인 CEO가 되는 비전을 품게 되었습니다. 이전에 저는 절대 상상할 수 없는 비전이지만 지금은 하나님이 세계적인 리더로서 모든 능력을 주시고 나를 이 땅에 세우셨음을 확신하기에 그 비전을 이루기 위해 열심히 기도하며 나아가고 있습니다. 세상의 뜻에 따라 움직이는 CEO가 아니라 오직 하나님의 뜻에 따라 움직이며 세계를 다스리는 1%의 CEO가 되어 오직 하나님의 방식대로 경영하고 말씀하시는 모든 것을 순종하며 하나님께서 원하시는 기업을 이루는 것이 저의 비전입니다.

하나님의 능력으로 목양교사

올해 입학하는 고등학교에서 전교1등을 해서 공부의 간증을 통해 학교 아이들에게 영향력을 끼치며 전도하는 것입니다. 그래서 제자는 재적 50명, 출석은 30명을 목표로 하고 있습니다.

또한 매일 새벽기도를 통해 저의 능력으로 하는 목양이 아닌 하나님의 능력으로 목양하는 목양교사가 될 것입니다. 현실을 바라보며 포기하는 자가 아니라 하나님의 비전을 향해 달려갈 것입니다. 목양1등, 공부1등, 성품1등 하는 세계를 다스리는 1%의 리더가 꼭 될 것입니다. 목양제자 세계정복!!!!!!

전교 8등은
관계회복의 열매

인천 예광교회 _ 황 지 현

또 무리에게 이르시되 아무든지
나를 따라오려거든 자기를 부인하고
날마다 제 십자가를 지고
나를 따를 것이니라
누가복음 9:23

저는 모태신앙이지만 아빠 공장을 따라 여러 번 이사를 다니면서 교회생활을 꾸준히 하지 못했습니다. 교회를 다니지 않으면서 집은 점점 어려워졌고, 결국 엄마께서도 밖으로 일을 하러 나가시게 되었습니다. 부모님께서는 힘드신데 저는 어려서 집사정이 어떤지 잘 신경 쓰지 않았습니다.

엄마 손에 이끌려 억지로..

제가 초등학교 5학년이 되었을 때, 엄마께서 갑자기 예광교회에 나가자고 하셨습니다. 한동안 다니지 않던 교회라 가고 싶지 않았지만 엄마 손에 이끌려 억지로 가보게 되었습니다. 조용히 묵상기도를 하고 찬송가만 부르는 큰 교회를 다녔던 제게 처음 간 예광교회 주일학교는 춤도 추고 소리내어 기도하는 모습이 새로웠습니다. 교회분들께서는 반가운 인사로 절 알아보시고 반겨 주셨고 교회에 익숙해지면서 새로운 친구들을 사귀었습니다. 평소 화를 자주 내시던 엄마도 교회에 다니시면서 항상 밝아지시고 긍정적인 말로 변하셨습니다.

그렇게 점점 교회에 있는 시간이 많아지자 교회를 다니시지 않는 아빠께서는 반대를 하셨습니다. 아빠가 술을 드시고 교회에 대해 부정적으로 말씀하실 때면 이해를 못 해주시는 것이 속상해서 화가 났습니다. 가족끼리 대화하는 시간이 줄어들고 오빠들과는 매일 싸우는 날만 늘어갔습니다. 처음에는 즐거운 마음에 찬양을 했는데 나중에는 뒤쳐 보이기 싫은 마음 때문에 찬양팀에 섰고, 집에 돌아오면 아빠에게 드려야 할 예배가 많아 힘들다고 불평했습니다.

학교에서도 친구들과의 일이 마음대로 잘 되지 않았습니다. 점점 많은 사람들과 같이 있는 것이 불편해서 혼자 있는 시간이 더 편해졌습니다. 그렇게 확실한 믿음 없이 중학생이 되어서 어른예배를 드리게 되었습니다. 처음 선생님 때문에 앞에 억지로 앉아서 듣는 목사님의 말씀은 귀에 들어오지 않았습니다.

그리고 억지로 앞에 앉아서 목사님 말씀을 듣기 싫다며 뒷담을 하기 시작했습니다. 또 중학생이 되어서 졸리는데도 일찍 나와 어린이 예배 찬양사역을 하는데 찬양 좀 크게 하라고 말씀하시는 선생님들께 불평했습니다. 뒤에서 예배를 욕하고 선생님들, 목사님을 욕했습니다. 찬양도 입만 벙긋거리고 목소리를 내지 않았습니다. 기도할 때도 하지 않고 고개만 숙이고 있었습니다. 그러자 사람들과 잘 어울리지 못하고 교회와 점점 멀어지는 것만 같았습니다. 성적도 계속 떨어지고 찬양도 기도도 못하는 저는 교회가기가 창피하고 꺼려졌습니다. 주일이 다가오는 것이 싫었습니다.

난 안되겠지..

그러다 여름에 교회에서 목양청소년수련회에 간다는 말을 듣게 되었습니다. 방학도 짧은데 무슨 수련회인지, 가기 싫은 마음이 앞섰지만 엄마께서 미리 신청해 버려서 어쩔 수 없이 가게 되었습니다. 처음 목양수련회에 가서 찬양시간에 창피하다는 생각에 춤도 안 추고 기도도 하지 못했습니다. 간증하는 사람들을 보면서는 '나는 너무 평범한데 저렇게 간증을 할 수 있을까? 난 안 되겠지?' 라는 생각을 했습니다. 그리고 한성택 목사님께서 세계의 1%안에 드는 리더가 되어서 세계를 정복하고 목양을 해야 된다고 말씀하시며 공부를 강조하셨을 때, 이제 교회 사람들에게 공부 잔소리만 더 듣게 생겼다고 생각하며 귀담아 듣지 않았습니다.

수련회에 다녀와서 아무런 변화없이 집에 돌아오니 허무함이 느껴졌습니다. 엄마한테 기도시간에 나한테 등에 대고 기도해주지 말라고, 방해된다고 화를 냈습니다. 정작 엄마를 따라 기도하지는 못 하면서 화만 낸 것이 너무 후회되고 답답했습니다. 그래서 다음 수련회 때는 은혜를 받고 와야겠다고 다짐했습니다.

내가 목사님의 마음을 아프게 했구나

그리고 2번째, 3번째 수련회에서 제게 천천히 은혜가 들어왔습니다. 마지막 밤 기도시간에 저는 주님께 "주여, 제게 큰 소리로 기도할 수 있는 용기를 주세요. 이대로 아무 은혜도 받지 못하고 돌아가면 이제 기도를 할 자신이 없어요. 저를 만나주세요." 라고 기도했습니다. 그리고 한성택 목사님께 안수기도를 받을 때, 흘리지 않던 눈물이 났습니다. 저의 기도하는 목소리가 더 크게 들리기 시작했습니다. 그 때, 주님께서 제 목소리를 작게 만들어 주신 것이 아니라는 것을 알게 되었습니다.

무엇보다 우리 교회목사님을 위해 기도하면서 눈물이 멈추질 않았습니다. '내가 목사님의 마음을 아프게 했구나, 하나님께서 세우신 목사님을 욕했던 것이 교회와 막히게 했던 것이었구나.' 저는 진심으로 회개기도를 했습니다.

그리고 부족한데도 끝까지 믿고 찬양팀에 세워주신 사모님과 선생님들께 너무 죄송했습니다. 이런 부족한 내 모습 때문에 주일학교 어린이들에게 은혜를 받지 못하게 한 것이 정말 미안하고 부끄러웠습니다. 그리고 수련회 때 콰이어로 서면서 찬양을 남에게 보이는 자존심으로 부르는 것이 아니라 주님을 향한 마음으로 부르게 되었습니다. 내가 먼저 마음을 열고 주님께 부르짖었더니 주님께서 정말로 저를 만나주셨습니다.

주님을 만난 후로

수련회에서 주님을 만난 후로 중학교 2학년 동안 7명의 친구를 전도했습니다. 처음에는 같은 친구로서 먼저 이해하고 품어주기가 어려웠습니다. 그래서 저는 제자에게 잘 해주지도 못하고 심방도 잘 하지 못하는데 왜 제게 제자를 만나게 해 주셨냐고 불평하듯 기도했습니다. 그런데 주님께서 "나를 위해 일할 일꾼이 부족하다. 내가 너를 세계적인 리더로 만들었다."라고 말씀하셨습니다. 처음 그 음성을 들었을 때, 마음이 아팠습니다. 기도를 하지 못한 채 눈물만 계속 흘렀습니다. 내가 교회에 잘 나오지 않고 목양을 깨닫지 못할 때 예수님께서 얼마나 힘드셨을지 생각해보니 이제 힘들어도 내가 전도한 친구니 예수님처럼 끝까지 포기하지 말아야겠다고 다짐했습니다. 그리고 제자가 새 친구를 데려오면서 목양을 하고 함께 옆에서 기도로 도와주기 시작했습니다.

공부를 위해서 매일 1시간씩 기도하는 삶

또 가정이 화목해지고 아빠도 교회에 가는 것에 부정적이게 말씀하시지 않고 자주 대화를 하게 되었습니다. 그리고 새벽기도를 나가고 공부를 위해서 매일 1시간씩 기도하는 삶으로 변화되었습니다. 매일 목사님께 전교 10등 안에 들도록 기도를 받았습니다. 학교에서도 평소 싫어하던 과학, 음악시간에 숙제도 잘 해가고 과학 선생님께 선물도 드리면서 사이가 좋아지자 2학기 기말 때 성적이 과학은 95점, 60점이었던 음악도 95점으로 올라갔습니다. 점수올리기가 힘들었던 영어도 선생님을 따라서 방과 후 수업을 1학년 때부터 빠짐없이 들었더니 영어도 95점으로 성적이 올랐고 그 뿐만 아니라 선생님께 많은 조언을 얻고 선생님의 도움으로 멘토선생님과 연결될 수 있었습니다.

전교 8등은 관계회복의 열매

이번 시험에서 전체적으로 점수가 오르고 음악을 제외한 예체능 6과목은 모두 100점을 맞아, 목양을 만나기 전에 전교 36등이었던 등수가 전교 8등까지 올랐습니다. 저는 제 힘으로만 이렇게 성적을 올린 것이 아니라는 것을 알았습니다. 선생님들과 관계가 회복되고 목사님께 기도를 받았더니 성적이 올라서 너무 신기했습니다.

그리고 2011년 겨울 수련회 때 간증을 하게 되었습니다. 간증을 하고 다른 사람에게 말할 수 있다는 것이 감사했습니다. 간증을 하면서 한성택 목사님께서 제 자존감을 세워주셨습니다.

교회에 있는 시간이 가장 즐겁고 행복!!

지금 저는 교회에 있는 시간이 가장 즐겁고 행복합니다. 그리고 제가 화를 내고 답답한 신앙생활을 했을 때도 날마다 저를 위해 기도해주신 엄마께 너무 감사합니다. 저는 부족한 점이 많은 죄인이었습니다. 하지만 진심으로 기도했더니 주님께서 저를 만나주시고 회복시켜주셨습니다.

앞으로 목양을 전하며 많은 친구들을 전도하고 싶습니다. 모두 주님께 진심으로 감사드립니다. 그리고 우리 예광교회 류광규 목사님 사랑합니다.

평범한 꿈을 꾸며 살고 싶지 않아요

인천 예광교회 _ 유 지 혜

그러므로 내가 너희에게 말하노니
무엇이든지 기도하고 구하는 것은 받은 줄로 믿으라
그리하면 너희에게 그대로 되리라
마가복음 11:24

마음의 반은 세상에..

저는 모태신앙으로 태어나 마음의 반은 세상에, 반은 하나님께 드리며 살았습니다.

중학교에 입학하고 중고등부에 가게 되면서 적응을 잘 하지 못하고 오전 예배만 겨우 드리고 오후 예배는 빠지기 일쑤였습니다. 점점 교회가기 싫어지고 기도회도 항상 빠지고 일주일에 한번 겨우 주일 오전 예배만 드리고 바로 집으로 가는 생활이 반복 되었습니다.

그리고 집에서는 항상 부모님을 이해하지 못하고 목소리를 크게 내며 대들고 다투는 날이 많아 졌습니다. 이런 상황이 반복 될수록 성적은 점점 내려가고 공부를 안하고 미술만 해도 좋은 대학에 갈 수 있을 것 같다는 생각이 싹트며 공부에 대한 생각이 없어 졌습니다.

적성에 안 맞더라고 공부는 꼭 해야..

그러다가 교회가 목양으로 시스템을 바꾸게 되면서 목양 수련회를 처음 가게 되었는데 첫 번째 갔을 때는 많은 감동을 받지 못했지만 공부의 중요성을 알게 되었습니다. 공부는 내 적성이 아니라면서 핑계를 대고 공부를 안했었는데 적성에 안 맞더라도 공부는 꼭 해야 한다는 것을 깨달았습니다.

두 번째 갔을 때 주여 천 번을 외치는 시간에 목양을 진짜 알게 되고, 삶의 목적을 진짜 목양으로 받아드리게 됐습니다. 이때 까지만 해도 제 꿈은 어른이 되면 하고 싶은 일을 하며 돈을 벌고, 결혼을 해서 주일에 한번 교회에 나오며 잘 사는 그런 평범한 인생이었습니다.

평범한 꿈을 꾸며 살고 싶지 않아요

하나님을 중심으로 사는 삶이 아니라 내가 중심이 되어 사는 그런 삶이었는데 목양을 삶의 목적으로 정한 후 제 생각에는 많은 변화가 찾아왔습니다.

교회와 목사님은 제 마음에 부담스러웠고 집과 부모님이 중심이었는데 이제는 교회가 제 집 같고 목사님이 제 아빠 같은 마음이 생겼습니다. 그리고 학생들을 양육하는 것은 선생님과 목사님 몫이고 나와는 전혀 상관없는 일이라고 생각한 것이 틀렸다는 것도 깨달았습니다.

또 꿈은 있었지만 미래에 대한 부담이 커서 평범한 인생 밖에 못 살 것 이라고 생각했는데 이제는 아직 많이 준비할 날 들이 남아있는데 벌써부터 세계적인 리더의 생활을 포기하고 평범한 꿈을 꾸며 살고 싶지 않다는 생각이 들고 그렇게 살다간 복음도 더 어렵게 전파 할 것 같다는 생각이 들었습니다. 이제는 목양을 만나 세계적인 리더 1% 가 될 수 있다는 믿음이 생겼고 노력도 하고 있습니다. 하나님의 자녀로 세계를 움직이는 그런 사람이 되고 싶습니다.

교회는 천국이라는 고정관념이 있었는데 한성택 목사님의 설교를 듣고 그런 고정관념이 깨지게 되었습니다. 앞으로 천국에 갈 때까지 전도하고 제자 삼는 목양을 하며 살고 싶습니다.

그 뒤로 교회로 돌아가서는 예배도 앞자리에서 매일 드리게 되고 오후예배도 끝까지 드리게 되며 안 나가던 기도회도 나가게 되고 새벽기도도 나가게 되었습니다. 또 집에서 목소리가 커지는 일이 줄어들었습니다.

그리고 자존감도 회복이 되어 미래에 세계적인 리더가 될 것이라는 확신도 생겨 미래를 위한 목표를 구체적으로 세우고 실천도 조금씩 하게 되었습니다

40일 특별 새벽기도의 기적!

그렇게 신앙생활을 회복하면서 학교에서 전도도 많이 하게 되고 특별 새벽기도 40일을 하면서 학교 시험을 위해 준비를 하게 되었는데 성적이 평균 20점 이상 올라갔습니다. 항상 평균 60점과 70점 사이를 왔다 갔다 하던 성적이 평균 80점이 되었고, 외국어에는 자신이 없어 항상 수업을 안 들었는데 50점대였던 중국어 점수가 90점으로 향상 되었으며, 영어도 하면 하나님이 도와 주셔서 만점을 맞을 수 있다는 자신감이 생김과 동시에 성적도 많이 향상 되었습니다.

또 수학을 아예 포기 했었는데 수학에도 자신감이 생겨 점수도 올랐습니다. 기도와 공부를 같이 하니까 정말 싫고 쓴 약을 먹듯 어쩔 수 없이 하던 공부가 좋아지고, 하면 된다는 공부에 대한 자신감이 생겼습니다. 공부가 너무 싫어서 실업계 디자인고를 가려고 마음을 먹고 있었는데 기도를 하면서 마음이 바뀌고 인문계에 진학을 하게

되었습니다.

관계회복을 하고나니

또 수련회에 가서 선생님과 부모님과 친구와의 관계회복을 하고나니 성격이 더 밝아졌습니다. 원래 한 두 명하고만 같이 다니던 제가 친구들을 많이 사귀게 되고 이해심이 넓어져 용서도 잘 하게 되니 제자들도 더 늘었습니다.

그리고 교회에서는 잘 적응 못하는 동생들을 챙기게 되고 나서기 싫어하던 제가 학생부 부회장도 하게 되었습니다. 고등학교에 진학을 하며 친구와 선생님의 관계를 걱정했었는데 이제 그런 걱정도 사라지고 많은 친구들을 사귀어서 전도한다는 생각에 기쁩니다.

앞으로 공부 1등, 미술실기 1등을 해서 커서 세계적인 아티스트로 복음을 전파하며 제자를 양육하고 싶습니다. 감사합니다.

포기하지 않는
사모님의 사랑

목양제자교회 _ 중3 유 보 람

우리가 선을 행하되 낙심하지 말지니
포기하지 아니하면 때가 이르매 거두리라
갈라디아서 6:9

점점 세상에 빠지고, 학교성적은 떨어지고

저는 목양을 만나기 전 교회에 다니다가 점점 세상에 빠져서 몇 년 동안 교회에 가지 않았습니다. 교회에 가지 않는 동안 술, 담배를 한 것은 아니지만 그런 아이들과 어울려 낮이든 밤이든 놀러 다니기 바빠서 학교에서도 공부에는 아예 손을 대지 않았습니다. 학교성적은 점점 떨어져가고 집에서도 어머니께서는 제가 좋지 않은 아이들과 어울려 다니는 것에 대해 걱정을 많이 하셨습니다.

포기하지 않는 사모님의 사랑

이렇게 방황하고 있는 중에 저희 사모님께서는 항상 빼먹지 않으시고 매주 저희 집에 심방을 오셨습니다. 저는 사모님께서 항상 심방을 오시는 것을 보고 이러다 점점 안 오실 것이라고 생각했는데 저희 사모님께서는 거의 2년 정도를 매주 심방 오셨습니다.

저는 딱히 심방이 싫지 않았고 가끔씩 교회에 가고 싶은 생각이 들 때도 있었지만 주일에는 항상 놀러 다니기 바빴고 놀러 다니지 않을 때는 집에서 오락을 하기 바빴습니다. 하루 일과는 밖에서 노는 시간과 오락하는 것 뿐 이였습니다.

겨울 수련회에서 생긴 일

그렇게 2년 동안 교회에 가지 않다가 교회에 같이 다니던 언니가 교회에 같이 가자고 하여 조금씩 가다가 호원대학교에서 한 겨울수련회에 참석하였습니다.

처음에 수련회에 갔는데 무슨 사이비 종교 같다는 생각이 들기도

했습니다.

말씀을 듣는 중에도 '내가 왜 여기서 이러고 있지?' 라는 생각이 들기도 했습니다. 말씀이 귀에 들어오지도 않았습니다.

그런데 기도시간에 사람들이 하나님께 부르짖는 기도와 그 열기에 깜짝 놀랐습니다. 저도 모르게 기도를 하게 되었고 하나님이 살아 계신 것을 느꼈습니다.

말씀이 너무 재미있고 즐거워

그 후 수련회가 너무나 좋았고 교회에 돌아와서 목양이 너무나 하고 싶었습니다. 그 전에는 통합예배의 말씀이 너무나 재미없고 지루해서 주일학교예배만 드렸었는데 이제는 통합예배의 말씀이 너무나 재미있고 즐거워졌습니다.

전에는 우리 목사님의 얼굴도 잘 모르고 목사님께서 무얼 시키시면 불평, 불만이 많았는데 이제는 즐거움으로 순종합니다. 그리고 이제 우리 목사님을 세상 어느 목사님보다 더 사랑하고 좋아합니다. 목사님께서 어디에 가셨을 때에는 목사님이 너무나 보고싶고 목사님의 말씀이 너무나 듣고 싶습니다.

록 펠러 라는 분이 항상 교회 앞자리에 앉아 예배를 드려서 복을 받았다는 말씀을 듣고 교회 앞자리에 앉기 시작했습니다. 그 후 어쩌다가 3~4번째 줄에 앉았는데 목사님이 너무나 멀어보였습니다. 그래서 지금은 목사님 가까이에서 말씀을 듣기 위해서 항상 맨 앞자리에 앉고 있습니다.

말씀이 좋아지다 보니 주일이 아닌 날에도 점점 예배를 드리게 되었고 이제는 모든 예배에 참석하고 있습니다. 자연스럽게 전에 같이 놀던 좋지 않은 친구들과도 자연히 멀어졌고 이제는 저의 하루 일과 중에 예배가 더 많은 부분을 차지하고 있습니다.

저희 교회에서는 방과 후 "지혜방"이라는 말씀과 기도시가이 있었습니다.

처음에는 귀찮고 놀러 다니고 싶은 마음 뿐 이었는데 지혜방을 빼먹지 않고 말씀을 듣다보니 믿음이 점점 커진 것 같습니다. 이제는 지혜방에서 말씀을 듣는게 더 즐겁습니다.

하나님께 더 드릴 수 있는 것에 더 감사

어느 날부터 헌금을 하고 싶은 마음을 하나님께서 제게 주셨습니다.

하나씩 헌금을 늘려 나가다보니 이제는 매주 십일조, 주정헌금, 일천번제, 차량헌금, 건축헌금, 선교헌금, 주일학교헌금, 감사헌금 총 8가지의 헌금을 하고 있습니다.

저희 집이 부유하지 않습니다. 그리고 전에는 사고 싶은 것도 많았는데 이제는 헌금을 드리는 것이 더 좋고 즐겁습니다. 용돈을 받으면 헌금을 먼저 떼고 쓰는데 헌금으로 용돈을 다 써도 전혀 아깝지 않고 하나님께 드릴 수 있는 것에 더 감사합니다.

이제는 아이들에게 전도도 잘 ~

부끄럽고 창피해서 전도를 하지 못하고 쳐다만 보고 있었는데 이제는 아이들에게 전도도 잘하고 있습니다. 전도를 하면서 기쁨이 생기고 자신감이 생겨서 전도하다보니 이제는 재적이 34명이 되었습니다.

목양교사를 하면서 '0' 반으로 몇 달을 보낼 때에 불교집안이라고 교회에 못 가게 하시는 아이의 어머니와 말을 잘 듣지 않는 아이들 때문에 어느 날은 정말 남몰래 눈물을 흘리기도 하며 목양을 그만둘 생각도 했었습니다. 저는 그럴 때마다 더 하나님을 의지하고 하나님께 더 부르짖어 기도했고 그래서 저의 믿음이 더 향상되었습니다.

사모님을 만나다-목양제자

아이들을 심방 할 때에 아이들이 잘 안 나오는 것을 보고 전에 사모님께서 심방을 계속하셔도 나가지 않았던 나의 모습이 생각났고 그로 인해 저를 심방하시던 사모님의 마음을 알았으며, 사모님께 죄송함과 감사함을 느낍니다.

만약 저희 사모님께서 저를 끝까지 심방해 주시지 않으셨더라면 저는 아직 세상에서 방황하고 있을지도 모릅니다. 정말 사모님에게 감사하고 또 존경합니다.

저도 사모님처럼 아이들을 주님의 마음으로 항상 심방하고 사랑으로 제자삼고 싶습니다. 그렇게 기도하고 다시 열심히 목양을 하다 보니 아이들이 점점 잘 나옵니다.

전에는 아이들이 말을 잘 듣지 않으면 너무나 속상하고 아이들이 미워보였는데 이제는 정말 하나님께서 저에게 붙여주신 아이들이 너무나 사랑스럽고 감사합니다. 그 아이들이 교회에 와서 말을 잘 듣던지 안 듣던지 나오는 것 자체가 너무나 감사하고 아이들이 예쁘게 보이고 아이들에게 항상 무엇을 주고 싶은 마음이 가득합니다.

새벽에 가서 승리하고 집에 올 때에는 기쁨..

저희 어머니는 불신자이셔서 평일날 학교를 다니는 중에는 새벽기도를 원래 가지 못하게 하셨습니다. 그래서 방학 중에만 새벽기도를 하고 있는데 일어나기도 힘들고 교회까지 가기가 무섭지만 그럴 때마다 더 기도했습니다.

새벽기도에 가서 승리하고 집에 올 때에는 기쁨과 즐거움이 넘치고 찬양이 넘칩니다. 이제는 방학 중에만이 아니라 계속 새벽기도가 하고 싶어서 어머니께 말씀을 드렸는데 허락을 안 해 주셔서 계속 조르다가 새해부터는 담대하게 새벽기도에 가겠다고 선포하였습니다. 어머니도 이제는 포기하시는 듯 하셨습니다.

1% 리더가 되려면...

교회에 잘 나가면서도 공부는 여전히 하지 않았고 하고 싶은 생각이 거의 없어서 학교만 부지런히 다녔습니다. 책상에 앉아 있기가 싫었고 책상에 앉아 오래 공부하지도 못했습니다.

그런데 한성택 목사님께서 공부의 기름부으심의 말씀과 공부도 하나님께서 주신 것이라는 말씀을 듣고 안수기도 받은 후에 교회에 와서 일주일에 3, 4번씩 우리 목사님께 계속 안수기도도 받으면서 점점 달라지기 시작했습니다.

　학교에　가서 매 시간마다 수업 시작하기 전에 기도하고 수업 중간에 졸리거나 집중이 안되면　우리 목사님이 하라고 한대로 속으로 기도하면서 수업을 받았습니다.
　이제는 공부가 하고 싶어지고 또 집중력도 생기고 책상에 앉아있는 것이 점점 되어지고 있습니다. 성적이 조금씩 올라갔습니다. 그런데 중간고사 때 점수가 많이 떨어졌습니다. 내 힘만 의지했던 것을 회개하였습니다. 그래서 기말고사에는 열심히 기도하고 공부했더니 평균 20점이 올랐습니다.
　이제 고등학교에 진학하게 되는데 아직 저의 성적이 엄청나게 오른 것은 아니지만　하나님께서 도와주시면 잘 할 수 있다고 확신합니다.
　고등학교에서는 전교1등을 향해 도전해 보려고 합니다.

저는 세계적인 리더인 것을 믿습니다

　제가 목양을 만나기 전에는 저의 외모와 성격의 대해 항상 자존감이 없었습니다.
　저희 가정에 아버지가 안 계셔서 더 자존감이 떨어졌습니다.
　그러나 이제는 저의 하늘의 아버지 하나님께서 저와 함께 하신 것을 믿고 자존감이 회복되었습니다. 저는 세계적인 리더인 것을 믿습니다.

이제는 말 할 수 있다

지금은 모든 생활이 즐겁습니다.

그리고 모든 학생들이 저와 같이 목양을 해서 생활이 즐거워졌으면 하는 생각이 듭니다. 가끔씩 세상에 빠져 방황하는 친구들을 보면 불쌍한 마음이 들어 기도합니다.

저는 평생 동안 목양을 하며 많을 사람을 주님께로 이끄는 사람이 되고 싶습니다.

저와 항상 함께하시고 제게 삶의 목적을 알게 하시고 이렇게 모든 면에 새 힘을 주신 하나님께 영광 돌립니다. 존경하고 사랑하는 우리 목사님, 그리고 포기하지 않는 사랑으로 예수님을 만나게 해주신 사모님께 감사합니다. 사랑합니다. 세계정복!! 목양제자!!

사랑하는 나의 딸,
혜민아!

낙원 만수교회 _ 안 혜 민

우리가 살아도 주를 위하여 살고
죽어도 주를 위하여 죽나니
그러므로 사나 죽으나 우리가 주의 것이로다
로마서14:8

별 생각이 없이 놀던 민이

만수낙원교회 등록한지 4년 되었습니다.

내가 교회 다니기 전에는 별 생각 없이 친구들과 놀고, 공부도 하고, 지금 생각하면 너무 심심한 시간이었습니다. 아주 평범하게 그렇게 지냈습니다. '교회'가 무엇인지 몰랐고 '삶의 목적'이 뭐냐는 질문도 받은 적이 없습니다.

첫 인상 좋은 교회

교회를 다니게 된 것은 어느 날, 교회 다니던 친구를 알게 되었고, 그 친구가 전도하여 7살 되던 겨울, 처음으로 교회에 가게 되었습니다. 하지만 교회에서는 친구들과 노느라 말씀도 듣지 못했고, 교회 다니는 둥, 마는 둥 하며 장난과 건성으로 교회를 다니다 말았습니다.

그럴 즈음에 지금 만수낙원교회 사모님이 오셔서 전도를 하셨습니다. 얼마있다 다른 교회를 나가는 중에 한번만 가보자고 엄마 손을 잡고 온 것이 만수낙원교회를 다니게 된 동기가 되었습니다. 2008년도 6월 이었습니다.

교회에 첫 인상이 좋아서였는지 그때부터 열심히 다니기로 했습니다. 열심히 교회에 놀러도 가고, 크리스마스 발표회도 하고 어린 저였지만 지금 생각하니 교회가 좋았던 것 같습니다.

민이가 목양을 만나다

2009년 저희 교회에서는 '목양'을 시작하게 되었습니다. '목양'이란 삶의 목적을 발견하고 전도도 하고 제자 삼는 것이며 목사님께 목숨을 건 동역자가 되는 거라고 가르쳐 주셨습니다. 목양집회가 있을 때마다 목사님은 우리들을 데리고 다니셨고 '새로운 생활' 성경공부를 하면서 삶의 목적을 발견하여 전도하며 주님을 자랑하는 사람이 되었습니다. 그 후에 내 삶에 변화가 나타나기 시작했습니다.

민이의 회복 역사

첫 번째, 하나님과의 관계에서 변화가 일어났습니다. 목양을 만나기 전에는 하나님을 '기독교에서 믿는 신' 이라고만 알았습니다. 물론 이것도 맞는 말이지만 목양을 만난 뒤에 나를 위해 십자가에 못 박혀 돌아가시고 사흘 만에 부활하신 사랑의 주님을 알게 되었습니다.

그리고 주님께서는 저에게 '내가 너와 항상 함께 하리라.' 그리고 '내가 너를 지었나니 너는 내 것이라.' 또 목사님을 통해 안수 하실 때, '내가 너와 함께 하리라.', '딸아, 딸아, 사랑하는 딸아' 라는 이 음성을 저에게 들려 주셨습니다.

주님께 기도하면 눈물도 터지고, 또 방언도 터지고, 주님께서 저와 동행하신다는 걸 확실하게 느끼고 있습니다. 아플 때나 일상에서 어떤 일이 있든지 주님께 기도하며 하나님을 섬기고 있습니다. 하나님을 믿기 때문에 제가 열심히 교회에 다닌 것 같습니다.

두 번째는, 목사님과의 관계에 변화가 왔습니다. 목양 만나기 전에는 목사님을 뵐 때에 어색하고 친구들과 노는데 정신 팔려서 잘 알지도 못했는데 목양을 만난 후에는 아빠같고 누구보다 존경하는 목사님이 되었습니다.

저는 저희 목사님의 목숨 건 동역자가 되었습니다. 목사님을 위해 개인기도도 하고, 저녁 8시에는 목양보조교사들과 함께 교회를 위해, 목사님을 위해, 전도일등, 공부일등, 성품일등을 위해 기도하며 토요일 오후 1시 30분에는 목사님을 위해 도움기도와 심방을 위해 기도를 하고 있습니다. 저는 저희교회 김헌중 목사님을 제일 존경하며, 누구보다 멋지고 세계적인 '우리 목사님' 이십니다.

세 번째는, 부모님과의 관계에 변화가 왔습니다. 목양을 만나기 전에는 부모님 앞에서 친구들과 논 이야기나, 학교에서 있었던 일을 주로 이야기 했는데, 목양을 만난 후에는 교회에서 듣고 보고 배운 것을 이야기하고 복음을 전하게 되었습니다.

제가 삶의 목적을 발견하고 열심히 하는 것을 보시고 교회에서 있는 일들을 얘기하면 다 들어 주시고, 식구들이 나들이 갈 때 따라가지 못해도 화 안 내시고 제 의견을 존중해 주셨습니다.

열심히 기도했더니 3년 만에 불교를 믿던 엄마가 교회에 나오기 시작해서 지금은 아빠, 언니까지 가족 모두 만수낙원교회 식구가 되었답니다. 아빠는 지방에서 일을 자주 하시기 때문에 자주 못 나오시지만 우리 가정은 하나님 이야기로 가득 찬답니다. 저희 가족이 계속 이렇게 교회에 다녔으면 좋겠습니다.

네 번째 변화는 공부와의 관계입니다. 공부를 못하는 것은 아니지만 성적은 솔직히 조금 나아졌습니다. 하지만 저는 정말 잘하는 것이 없는 줄 알았는데 성령의 기름 부으심으로 전 글을 잘 쓰게 되었습니다.

학교에서 글짓기 상도 받았고 동인천 노회에서 개최한 사생대회에서 재작년에는 장려상, 작년에는 대상을 받았습니다. 그리고 제일 못하고 싫어했던 수학과 사회는 점수도 올라가고 싫어하는 과목이 아니고 좋아하는 과목으로 바뀌었습니다. 목양을 만나고 공부하기 전에 기도하면 성령님이 도와주시는 덕분입니다.

다섯 번째 변화로는 제일 중요한 나와의 관계입니다. 저는 목양을 만나고 자존감이 회복되었습니다. 나는 너무 약하고 힘이 없고 용기도 없는 사람이었습니다. 솔직히 세상 사람들 앞에서 '나는 세계적인 리더다.' 라든지 '세계정복 목양제자' 라고 외치며, 미친 듯이 찬양을 따라 율동하고 그러면 남들이 욕을 할 수도 있겠다고 생각했습니다. 그렇지만 자존감이 회복되고 나서는 '내 아버지가 하나님인 걸! 괜찮아! 우리 아버지가 알아서 하셔' 하는 마음으로 주님께 모든 걸 맡기고 살고 있습니다.

무릎으로 승부를 건다

나는 목양을 통해서 삶의 목적을 확실하게 발견하고 전도하고 제자 삼으며, 목사님께 목숨을 건 동역자로 목사님의 목양제자로, 선생님의 목양제자로 열심히 목양하고 있습니다.

지금 저는 기도, 전도, 심방을 하고 양육은 아직하지 못하고 있습니다. 방학동안에는 오후 1시에 모여 기도회를 했는데 개학하고부터 8시에 6~7명이 기도회를 하고 있습니다. 수요예배와 금요치유집회에도 모두 참석한답니다.

우리들이 모여 하는 기도는 하나님이 참 잘 들어주십니다. 실족해서 교회에 나오지 않던 문준성 오빠와 민지, 다영이를 위해 기도했는데 준성이 오빠와 민지가 다시 회복해서 교회에 나오고 준성이 오빠는 우리와 같이 저녁 기도회에도 참석하고 있습니다.

지난 6개월 동안 4명이 기도해 왔는데 모두가 성적이 올랐습니다. 많이 오른 친구는 평균 15점 이상 오른 사람도 있습니다.

아멘 소녀.. 교회의자 붙잡고 울다

작년 겨울 청소년수련회 때 한성택 목사님이 새벽기도를 명령 하실 때에 '아멘'을 하였기에 그 '아멘'을 지키기 위해 겨울방학 동안에 새벽기도를 하게 되었습니다.

그 새벽기도와 저녁 8시 겟세마네기도회를 통해서 느낀 것은 4년이나 교회를 다니면서, 난 왜 우리 교회를 몰랐을까? 하는 생각에 의자를 잡고 울었습니다. 그리고 교회를 위하여 울 수 있다는 것, 정말 감사했습니다.

기도를 하나님이 들으셨고, 또 응답하리라 믿고

이번 겨울 청소년수련회에서 한성택 목사님이 나라와 민족을 위해

하루 금식을 하라는 명령에 따라 '아멘' 하고 은지, 은채, 이담이와 저는 하루 금식을 했습니다. 배도 고팠고 힘이 들었지만 예수님은 40일 금식기도 하셨다는 것을 기억하면서 참았습니다. 그때 구제역과 조류독감, 저희 교회와 목사님 그리고 부흥회를 위해 기도했는데 그 기도를 하나님이 들으셨고, 또 응답하리라 믿고 있습니다.

민이의 사도행전은 계속된다

전도는 2008년 11월에 수민이를 전도해서 잘 다니다가 2009년도 여름쯤 이사를 가게 되어 교회를 안 나왔는데 우리 교회가 좋다고 2010년도에 다시 나오더니 실족하고 말았습니다. 그래서 다시 수민이가 교회 나오게 해 달라고 결국은 또 기도하고 있습니다. 그런데 하나님께서는 우리 반 친구인 민경이를 전도할 수 있도록 해 주셔서 지금은 열심히 신앙생활하고 있어 위로가 됩니다.

2009년 4월에는 앞 빌라에 사는 한샘이를 전도했습니다. 그리고 2010년 4월에는 3층사는 아줌마가 열심히 신앙생활 하는 모습을 보시고 이담이, 은지, 은채를 데리고 나오셨습니다.

그리고 2010년 봄에는 저희 엄마와 엄마 친구인 아줌마를 전도했습니다. 2010년 여름에는 아빠와 아빠 친구도 교회를 나오셨습니다. 11월에는 우리 언니 또한 교회에 나오게 되었습니다.

2011년 2월에는 친구 효정이를 인도했습니다. 처음으로 우리교회에 나온 사람은 이모와 이종사촌 언니입니다. 이모는 우리 교회에 오서서 겟세마네기도까지 계시는 집사님이 되셨고, 이종사촌 언니는 목양교사로서 헌신하고 있습니다.

저로 인해 나온 사람 중에 11명은 열심히 교회에 나오고 있습니다. 잘 나오지 않는 사람 5명도 다시 교회로 돌아왔으면 하고 기도하고 있습니다. 주님은 저를 통해서 16명을 보내주셨고, 전도를 하는 중에는 잘 나오는 사람도 있고 잘 안 나오는 사람도 있지만 그 친구가 믿든지 안 믿든지 그것은 주님이 하시는 일이기 때문에 저는 오직 복음만을 전해야 한다고 생각합니다.

민이의 전도 노하우

저는 솔직히 전도할 친구를 가렸었는데 이제는 주님께 아무나 다 맡기고 전도하고 싶습니다. 전도한 아이가 오면 기쁘고, 안 오면 슬픈 그 느낌을 저는 체험했습니다.

열심히 오는 친구들을 보면 기쁘고, 안 오면 너무 슬픈 주님의 마음을 전 확실히 느꼈습니다. 목사님의 마음도 알게 되었습니다. 이렇게 전도할 수 있었던 이유는 주님께서 나와 함께 해 주시고 목양을 만나게 해 주셨기 때문입니다.

행복한 목양 보조교사입니다.

마지막으로 심방은 토요일 도움기도회가 끝나면 저는 민지와 민경이네 집에 가서 주일날 공과 공부시간에 외웠던 요절 말씀을 외우게 한 후 기도를 해 주고 옵니다. 하지만 가끔 집에 없을 때는 문에 손을 없고 기도를 하고 옵니다. 지금은 혼자가 아닌 은채와 함께 심방을 다니고 있습니다.

저는 행복한 목양 보조교사입니다.

먼저 이 글을 쓰게 하신 하나님께 감사를 드리고 제 글을 읽어주신 여러분께 감사를 드리며 축복하고 하나님의 사랑을 전합니다.

사랑합니다. 축복합니다.

내게 능력 주시는 자 안에서
할 수 있어요
공부1등 성품1등

초등학교 5학년 때
짱 노릇!

포항 소망교회 _ 박세찬

청년이 무엇으로
그의 행실을 깨끗하게 하리이까
주의 말씀만 지킬 따름이니이다
시편119:9

먼저 이렇게 간증을 할 수 있게 도와주신 하나님께 감사드립니다. 제가 이렇게 간증문을 쓰게 된 이유는 제가 살아온 인생은 이제 16년이 되지만 참 많은 것을 해본 것 같습니다. 물론 저보다 많은 것을 경험한 청소년들도 있겠지만 저는 목양을 만나 변화되어 이렇게 간증문을 씁니다.

초등학교 5학년 때 학교에서 짱노릇!!

먼저 저는 모태신앙으로 포항에서 태어났습니다. 제가 태어나기 전에는 저희 아버지가 교회를 다니지 않으셨고 저희 어머니도 그렇게 신앙심이 깊진 않으셨습니다. 그렇게 저는 교회 속에서 교회가 놀이터인줄알고 점점 커갔습니다. 초등학교 4학년 때 부터 교회에서 교회 형들과 놀다보니 나이에 맞지 않는 욕들과 이상한 지식을 알고 있는 저는 학교에서 인기가 참 좋았습니다. 5학년 때 부터 제 방황은 시작되었습니다. 초등학교 5학년 때 저는 학교에서 짱 노릇을 하고 있었습니다. 지금 생각하면 정말 부끄러운 일이지만 그땐 그게 정말 멋있어 보였습니다. 그래서 5학년 때부터 친구들에게 정말 나쁜 짓을 많이 했습니다. 친구들에게 "내일 얼마씩 들고 와라"라고 말하기도 했고 제 말을 안 들으면 야구방망이로 패기도 하고 그렇게 1년을 지냈었습니다.

친구들에게 왕따를 당하기 시작

하지만 나쁜 짓을 하면 그대로 돌아온다는 말이 정말 맞는 거 같습니다. 저는 6학년 때 친구들에게 왕따를 당하기 시작했습니다. 학교 짱이라고 설치고 다녔던 저는 한순간에 왕따가 되었습니다. 그리고 중학교에 들어와 다시 친구들과 어울리게 되면서 점점 나쁜 짓을 많이 하고 있었습니다. 5학년 때 잠깐 겉 담배로 하던 담배를 중학교에 들어와서 다시 시작하게 되었고, 술도 마시는 저를 보며 점점 제가 대단해 져 가는 것 같았습니다. 그러면서 교회 신앙생활과는 거리가 멀어지고 성적도 점점 떨어졌습니다. 초등학교 때는 그래도 똑똑하다는 소리를 많이 들었으며 시험을 치면 전 과목 백점을 받았고 각종 시험에 나가서 상장도 정말 많이 받아 왔습니다. 이런 저를 부모님께서는 정말 믿어주셨고 아무 걱정 안하시고 저를 자유롭게 놔두셔서 중학교 생활을 계속했습니다.

술기운이 남아있는 상태로 주일 아침예배를..

시간이가면서 친구들과 분위기에 휩쓸려 맛도 없고 목구멍만 아픈 담배를 계속 피게 되었고 써서 먹기도 싫었던 술에 맛이 들려서 자주 먹기 시작했습니다. 술에 관한 사건이 정말 많습니다. 저는 항상 술을 먹을 때면 주말에 먹었습니다. 하지만 겉으로는 신앙생활을 열심히 해야 했던 저는 술을 먹고 기도회를 가서 기도를 하기도 했고 토요일 날 밤새도록 술을 먹고 술 냄새가 나고 술기운이 남아있는 상태로 주일 아침예배를 드리기도 했습니다. 그리고 술이 그다지 세지도 않았던 저는 친구들과 바닷가 근처 펜션에서 술을 먹고 잔뜩 취해서 바닷가에 뛰어들어 죽을 뻔 했던 위기도 있었습니다.

짱의 화려한 추락

그렇게 점점 커가면서 나쁜 짓 들이 하나 둘 씩 추가가 되었습니다. 한밤중에 인형뽑기를 돌로 깨서 안에 있던 것을 빼서 가져가기도 하고 밤에 포항에 있는 한 시장에 밤에 가서 가게 안에 물건을 빼 오기도 하고 오토바이도 타기 시작했습니다. 오토바이 때문에 경찰서도 몇 번 왔다 갔다 하고 제가 때려서 친구가 병원에 실려 가 돈도 물어 줘 보고 정말 해볼 수 있는 짓은 다 해본 것 같습니다. 그렇게 중학교 2년을 보내고 중3 생활이 시작이 되었을 때도 전 달라 진 게 하나도 없었습니다. 제 성적은 평균 10점 위로 넘어가 본 적이 없었고 담배도 피우던 수보다 더 많이 늘어났고 나쁜 짓이 저에겐 자연스러워져서 일상생활이 되어 버렸습니다. 그때까지 만 해도 전 제가 지금처럼 변할지 모르고 정말 방황했던 것 같습니다. 그때는 삶의 목적조차 없이 그저 사람들에게 멋있게 보이기 위해 예전에 배운 악기들로 삶을 보내고 있었습니다.

목양에 대해서 관심을 가지기 시작

그러던 중 목양 컨퍼런스가 저희 교회에서 한 번 있었던 적이 있었는데 그때 정말 잠깐이나마 진심으로 기도를 해봤고 정말 뜨거웠던 것 같았습니다. 그래서 목양에 대해서 관심을 가지기 시작했고 저희 교회도 교회 전체는 아니지만 유치부와 아동부 아이들을 통합해서 목양을 시작한다고 해서 목양이 뭔지 궁금하기도 했습니다. 그런데 그때 마침 김은겸 목사님과 최애련 사모님께서 저희 교회에 목양을 가르쳐 주시려 오신다고 하셨습니다. 그리고 들리는 소문에 저희 중등부를 목양으로 통합한다고 했습니다. 그때 저는 정말 김은겸 목사님과 최애련 사모님이 싫었습니다. 왜 오셔서 가만히 있는 교회 시스템을 바꾸는지 정말 싫었고, 사모님과 목사님이 오셔서 시키는 것은 무조건 반대로 하고 친구들과 뜻을 모아 절대 목사님, 사모님 말은 듣지 말자고 다짐을 하고 있었습니다.

그러던 중 여름방학이 되고 목사님이 목양 여름수련회가 있다고 하였습니다. 저는 정말 죽어도 가기 싫었고 안 가려고 마음을 먹었지만 주변에서 워낙에 가라고 해서 갔습니다. 가서 첫째 날 한성택 목사님께서 설교하시는데 앞에 나와서 담배에 관련하여 질문을 하는 시간이 있었습니다. 앞에 나오고 싶은 사람은 손을 들라고 했는데 그 순간 저도 모르게 손을 들었고 정신을 차리고 보니 앞에 서 있었습니다. 그 때 까지만 해도 저희 부모님은 제가 술 담배를 하는 것을 모르셨고 그 자리에는 저희 어머니와 친한 교회 선생님들이 계셨습니다. 그 자리가 그냥 담배를 핀다고 공개적으로 고백하는 자리가 되었고, 또 끊겠다고 다짐했습니다. 그렇게 말하고 나니 속은 시원했었지만 그 시간이 끝나고 나와서 바로 산에 올라가서 담배를 피워버렸습니다. 그리고 그 날 저녁에 주여 천 번을 하라고 했는데 그 때그냥 푹 잤습니다.

끌려가도 은혜주시는 주님

둘째 날, 저녁이 되면 양산 수련회장을 내려와 걸어서 도망갈 계획을 세우고 있었지만 저녁집회에 끌려서 들어갔습니다. 기도하는 시간이 되어서 다시 푹 자려고 하니까 최애련 사모님께서 저를 끌고는 강대상에서 기도를 하고 있는 자리에 무릎 꿇으라고 말씀하셨습니다. 그래서 저는 눈을 감고 가만히 있으니까 바로 앞에 최애련 사모님의 딸이 쓰러져 있었습니다. 직접 본적은 없지만 기도를 하다가 쓰러진다는 것을 말로만 들었는데 권사님, 장로님, 집사님도 아닌 학생이 앞에서 쓰러지니 저는 너무 무서워졌습니다. 그런데 갑자기 한성택 목사님이 제 머리카락을 한웅큼 잡으시더니 막 흔들면서 기도를 하셨습니다. 저는 황당해서 뭐하는 짓인가 하는 생각이 들었지만 어쩔 도리 없이 가만히 있는데 갑자기 제 몸에 힘이 쭉 빠져 나가는 듯한 기분이 들면서 제가 잠이 드는 듯한 느낌을 받고 잠 들었던 것 같습니다.

그리고 나서 정신을 차려보니 제가 정말 추한 자세로 쓰러져서 하염없이, 미친듯이 울고 있었습니다. 울다보니 지난 날의 담배피던 모습과 술 먹는 모습, 술 먹고 비틀거리며 교회 기도회에 가던 모습, 친구들을 때리면서 즐거워하고 미친듯이 오토바이를 타던 모습을 비롯한 모든 모습들이 보이기 시작하면서 갑자기 미친듯이 울기 시작했습니다. 제 평생 그렇게 울어본 것도 처음이었고 제 몸에 모든 힘이 빠져나가서 힘이 하나도 없었습니다. 그리고 나서 강단에 내려오고 나니 저 멀리 서 계신 김은겸 목사님이 보였습니다. 왠지 그 품에 안기고 싶어서 목사님에게 다가갔습니다. 목사님과 안고 다시 한 번 미친듯이 울면서 죄송하다고 말씀드리니깐 목사님이 잘 돌아왔다고 말씀 해 주셨습니다. 그때 다시 한 번 울음이 나왔습니다.

결단- 넘어짐-집중훈련 그리고.. 세워짐

그렇게 그 수련회를 보내고 포항에 내려와서 이제는 방황하지 않고 살아야겠다고 다짐을 하면서 저희 중등부 자체에서 겟세마네 기도회를 시작했습니다. 매일 밤 9시에 본당 강대상에 모여서 나라와 포항과 학교와 교회와 가정을 위해 1시간 씩 기도하며 믿음 생활을 잘해 나가는 듯 했지만 그 전에 사귀던 친구들과 다시 어울리다보니 술, 담배를 다시 시작하게 되었습니다.

그러던 중 부산에서 목양교사 집중훈련이 있어서 학교를 3일간 가지 않고 집중훈련에 가서 훈련을 받으면서 술, 담배를 끊어야겠다는 마음에 정말 마음먹고 기도하면서 술, 담배를 끊었습니다. 그리고 다시 포항으로 돌아와서 이젠 공부도 해야겠다는 마음이 들었는데 최애련 사모님께서 학생공부방을 시작하셨습니다. 그것을 하는 동안 정말 열심히 했지만 중1 때부터 공부를 안해서인지 너무 힘들었습니다. 그렇지만 기도하면서 노력하고 2학기 첫 중간고사에서 3점을 맞던 일본어가 70점까지 가고, 평균 10점미만 이었던 제가 평균70점

가까이 올라 가면서 공부에 재미도 들고, 악기도 이제는 남에게 멋지게 보이게 위한 것이 아니라 주님을 찬양하고 주님이 주신 재능을 더욱더 살리고 싶은 마음에 정말 열심히 하였습니다.

친구와 죽을 힘을 다해

그리고 제 믿음의 동역자이자 정말 사랑하는 친구가 있습니다. 과거에 그 친구도 저와 방황하는 같은 길을 걸으면서 보냈었는데 그 친구는 저와 외국 단기선교도 같이 갔다 오고 교회 갈 때도 항상 같이 다녔던 친구인데 그 친구가 이번 겨울 수련회를 통해서 은혜받기를 원하는 것 같았습니다. 수련회를 양수리 한번과 양산 수련회를 갔었는데 양수리에서는 별로 은혜를 받지 못한 것 같았습니다. 그런데 양산에 갔을 때 첫날부터 은혜를 사모하여서 "주여"를 정말 죽을힘을 다해 외쳤지만 자기는 만족이 되지 않는다면서 도와달라는 요청을 해서 그 다음날은 저와 같이 정말 죽을 듯이 기도했습니다. 그 가운데에 그 친구가 쓰러졌고 전 그 친구를 한참 안고 기도하니까 그 친구도 며칠 전 저와 똑같이 미친 듯이 눈물을 흘렸습니다. 그때 전 정말 주님이 살아 계신다는 걸 다시 한 번 느꼈습니다.

끝까지 기다려 주신 주님

그리고 이제 고등학교를 가게 되었습니다. 제가 성적이 안 되어서 어쩔 수 없이 포항 학생들이 성적이 안되면 가는 실업계를 가게 되었습니다. 하지만 제 꿈은 음악 쪽으로 가서 주님을 찬양 하는 것이기에 그 고등학교를 다니고 싶지는 않았습니다. 그래서 저는 다 시 한 번 주님 앞에 기도하며 시간을 지내다보니 포항예술고등학교로 전학 갈 수 있는 길이 생기고 부모님도 허락하셔서 이제 포항예술고등학교를 갈 준비를 하고 있습니다. 그러고 보니 제 삶을 돌아보면 정말 언제나 주님이 함께 하셨습니다. 친구들과 같이 담배를 펴도 저만 걸리지 않았고 오토바이를 타고 죽을 뻔 했던 위기에서도 살려주셨고, 집나간 탕자를 기다리는 아버지 같이 저를 기다려주신 주님께 정말 감사합니다. 우리가 기도할 때에 이뤄지는 능력을 저는 몇 번 이고 체험했습니다.

나의 비전.. 하나님의 비전!!

앞으로 제 꿈은 음악 쪽으로 나아가서 주님을 높여드리는 것이 제 꿈입니다. 이제 앞으로 정말 기도생활 열심히 하고 열심히 목양하여 주님께 사랑받는 제자가 될 수 있도록 기도해주세요. 감사합니다.

두려워 말고 나를 믿으라

부산 꿈대로 되는교회 _ 윤 혜 정

두려워 말라 내가 너와 함께 함이니라
놀라지 말라 나는 네 하나님이 됨이니라
내가 너를 굳세게 하리라
참으로 너를 도와주리라
참으로 나의 의로운 오른손으로 너를 붙들리라
이사야41:10

지금부터 목양을 만난 후 제 삶의 변화를 간증하고자 합니다.

14년 만에 예수님을 만남

저의 믿음 생활은 5살 때 김영기 목사님께서 운영하시는 선교원을 다니면서 시작 되었습니다. 그렇게 횟수로 14년이라는 오랜 시간동안 믿음 생활을 하고 다녔지만 실제로 예수님을 만나 구원의 확신을 가진 때는 중학교 2학년 목양 청소년 수련회를 참여한 이후였습니다. 사실 목양 청소년 수련회 처음 가자고 목사님께서 말씀 하셨을 때, 제일 반가웠던 것은 천명이나 되는 또래 친구들과 함께 수련회를 참여한다는 것에 큰 의미를 부여했습니다. 한참 철없고 이성에 관심 많은 나이라서 타 지역에 남학생들도 많이 내려온다는 소리에 더욱더 기뻐했었습니다.

그렇게 설레는 마음으로 실촌 수양관에서 내 생애 첫 연합 수련회를 보내게 되었습니다. 찬양콰이어들이 신기하게도 나와 비슷한 또래로 보이는 청소년들이 뜨겁게 찬양을 하고 있는 것이 인상 깊었습니다. 그리고 한 가지 더 제 눈에 띄는 것은 곳곳에 걸려 있는 문구들이였습니다 "방황하고 있는 10대 청소년들을 살리는 목양 ", "목사님, 힘내세요", "당신은 세계적인 리더입니다" 등등 생소한 말들이 적혀져있는 것이었습니다. 도대체 목양이 뭐 길래 저렇게 적어놨지? 라는 의문도 들었습니다.

주여! 천번으로 얻은 응답

그렇게 2박 3일이라는 수련회 일정이 빠르게 흘러가면서 마지막 날 저녁 예배시간 이였습니다. 한성택 목사님께서 오늘밤 기도시간에 "주여! 천 번 부르고 1시간 기도한다."고 말씀하시는 것이었습니다. 한 번도 한 시간 동안 기도를 해본 적이 없던 나로써는 그저 신기할 따름이었습니다. 기도시간에 저도 모르게 옆에서 울부짖고 있는 사람을 신기하게 쳐다보게 되더라구요. 그러던 중, 어느 순간 저도 모르게 통성기도를 하고 있는 것이었습니다. 앞에서도 언급했지만 횟수로는 꽤 오랜 시간동안 신앙생활을 해왔었지만 한번도 교회에서 통성으로 기도해 본 적이 없었습니다.

그런데 신기하게도 저도 통성기도를 하며 눈물을 흘리고 있는 것이었습니다. 그러면서 제일 먼저 드는 생각이 가족이었습니다. 저희 가정은 믿음의 가정이지만 어렸을 때부터 부모님은 잦은 싸움을 하셨고 오빠와 저 보는 앞에서 몸싸움을 하시고 이혼한다는 소리도 오가는 그렇게 어수선한 가정 환경이다 보니 엄머미, 아버지는 세상적인 일들에 더 치우치셔서 주일날 교회도 나오지 않는 것이었습니다. 그게 제 마음 한편에 응어리져 있었는지 그날 터져버린 것입니다. 그렇게 뜨겁게 기도하던 중 "딸아, 내가 너희 가정을 축복할 지니 너는 아무것도 두려워하지 말고 나를 믿으라." 음성을 들었습니다. 그렇게 하나님의 음성을 들은 후 제 삶은 180˚로 바뀌어졌습니다.

한 명의 친구를 위해 2년동안 기도

하나님이 내 곁에 있다는 확신을 가지고 전도하고 제자 삼는 목양사역에 매달렸습니다. 그러나 저희 집과 교회는 버스타고 30분가량 가야하는 먼 거리였습니다. 그러했기에 전도라는 것이 참 쉽지가 않았습니다. 그래서 욕심 부리지 않고 일단 한명이라고 제대로 목양제자로 세우자 라고 마음을 먹었습니다.

중학교 2학년 때 사귄 친구 한명이 있는데 그 친구와 유독 마음이 잘 맞았기에 이건 분명 하나님께서 이 친구를 전도하라는 계획이신 거구나... 라는 생각이 들었습니다. 그래서 그날부터 그 친구와 가정을 위해 매일 매일 기도를 하기 시작하였습니다. 그렇게 2년이 흐른 고1때, 어느 날 갑자기 그 친구가 "혜정아 나 교회 가고 싶어" 라고 말하는 것이었습니다. 감사하다는 말밖엔 나오지 않았습니다. 사실 2년 동안 그 친구를 두고 기도하면서 낙심하고 싶었던 적이 많았습니다. 그러나 살아계신 하나님을 믿으며 한 영혼이 천하보다 귀하다고 알려주신 한성택 목사님의 말을 되새기며 꾸준히 기도한 결과 나의 첫 열매였습니다. 귀하게도 그 친구는 찬양을 유독 좋아해서 함께 교회에서 콰이어로 섬기고 그랬습니다.

목양1등! 공부1등! 성품1등!

그렇게 시간이 흘러 고2때 목양 여름 청소년 수련회에 참여하였는데 이번에는 참신한 문구인 "공부1등, 목양1등"이 또 한 번 제 눈길을 끌었습니다. 간증시간 때 언니, 오빠들이 목양의 기름을 받고 성적도 많이 올랐다는 것을 얘기하는 것이었습니다. 너무나도 놀라웠습니다. 그렇게 바닥을 기던 성적이 어떻게 저렇게 한순간에 올라갈 수 있지? 라는 의문도 들었습니다. 그런데 저렇게 언니, 오빠들도 은혜 받고 올랐는데 나도 하고 싶다는 생각이 들었습니다.

그래서 그 날 밤 기도시간에 공부의 기름을 부어달라고 뜨겁게 기도하였습니다. 감사하게도 하나님께서는 수학을 놓지 말라는 감동을 주셨습니다. 문과생인 저에게는 수학이란 없었으면 하는 교과목 중 하나라고 생각했습니다. 모의고사를 칠 때도 찍고 자는 수준이여서 18점 아니면 20점을 받는 것을 누구보다도 내 자신이 더 잘 알았기에 수포자(수학을 포기한 사람)가 되지 말고 수학을 하나님의 지혜로 잡자라는 확신을 가지게 되었습니다. 그렇게 꾸준히 수학문제를 풀다 보니 6급이던 등급이 2등급으로 올랐습니다. 더욱더 은혜로운 것은 수학뿐만이 아니라 다른 과목들도 눈에 띄게 올랐다는 것입니다. 모의고사 때 늘 언어가 5등급이었는데 2등급으로 올랐고, 외국어도 5등급을 넘어 본 적이 없었는데 1~2등급으로 올라가는 것이었습니다.

하나님이 하셨다고 고백

주변 친구들도 "왜 이렇게 요즘 공부를 열심히 하냐?"고 그리고 성격도 많이 변했다고 그럽니다. 그럴 때 마다 저는 친구들보고 "예수님 믿으면 너희들도 이 복을 받을 수 있어"라고 당당하게 말하고 다닙니다. 사람인지라 성적이 오르면 저도 모르게 교만해 질 때가 있습니다. 그럴 때마다 내가 한 것이 아니라 하나님이 하셨다고 고백을 하면 겸손한 마음이 듭니다. 이렇게 목양을 만난 후 성격도 변하고 공부에 큰 변화가 있었습니다.

가정을 축복하신 하나님

그리고 무엇보다도 가정에 변화가 있었습니다. 제가 믿음이 강해질 때마다 마귀는 계속 우리 가정을 넘어뜨립니다. 그럴 때 마다 저는 마귀를 대적하고 가정을 놓고 어디서든 무릎 꿇고 기도했습니다. 한 날은 독서실에서 공부하는데 또 가정을 힘들게 해서 독서실 옥상 계단에 무릎 꿇고 울면서 뜨겁게 하나님 도와달라고 기도했더니 그 때 또 하나님께서 가정을 축복한다고 하셨습니다. 신기하게 그 날이후로 우리 가정은 어느 가정보다도 더 화목하고 주일을 잘 지키는 가정이 되었습니다. 이렇게 하나님의 넘치는 사랑을 받은 저는 그 자리에서 바로 감사기도를 하였습니다.

학교를 품고 기도하라

하나님께서는 학교를 품고 기도하라는 말씀을 하셨습니다. 생각해 보니 우리 학교를 품고 기도한 적이 없었습니다. 회개하고 그 다음날 바로 실천으로 옮겼습니다. 옆 반에 다른 교회 목사님 자제분인 그 친구와 매일 아침 복도에서 무릎꿇고 학교를 위해 기도했습니다. 저희와 같이 믿는 사람들은 어렵고 힘든 일 있을 때 하나님이라는 큰 울타리안에서 치유 받지만 내 또래 친구들은 상처를 받아도 어디에서도 그 아픔을 치유 받을 수 없습니다.

그러다 보면 다른 길로 만족을 찾고 삶의 목적없이 방황 할 뿐입니다. 그러나 목양사역으로 삶의 목적이 분명해진 저는 같이 기도하는 친구도 이 목양사역을 알아서 천하보다 귀한 영혼 살리는데 함께 동역자가 되었으면 좋겠다고 생각하였습니다. 그래서 그 친구와 하교를 하면서 목양사역에 대해 얘기하고 꼭 이번 겨울 수련회 때 목양 청소년 수련회 참석하라고 권했습니다. 나중에 친구는 겨울 수련회에 자기 친구 2명과 참석해 목양의 은혜를 많이 받았다고 저에게 얘기 해주는 것 이였습니다.

목양을 알려 줘서 고마워!

그러면서 나 자신과의 관계회복을 했다고 고백을 하며 여느 수련회 간 것 보다 목양 수련회가 제일 은혜로웠다면서 목양을 알려줘서 고맙다는 것이었습니다. 제가 더 고마웠습니다. 이렇게 믿음의 동역자가 내 곁에 있다는 것만으로도 감사했습니다. 함께 수련회 간 친구도 매일 아침 저희와 함께 학교에서 무릎 꿇고 기도했습니다.

받은 은혜들이 너무 많아

하나님께 받은 은혜들이 너무 많아 저는 가만히 있을 수가 없었습니다. 그래서 올해 자진해서 연임을 해 2년째 학생회 회장을 맡고 있습니다. 작은 개척교회이다 보니 반주자, 찬양리더, 초등교사 등등 제게는 맡은 직분이 많았습니다.

목양을 만나기전에는 툴툴거리기도 했지만 목양을 하다 보니 목사님의 마음을 그 누구보다도 알게 되었고, 조금이라도 목사님께 믿음의 동역자가 되어드리고 싶어서 묵묵히 올 한 해는 섬기려고 합니다.

고3인 가장 중요한 한해를 보내야 하는 시작점에 왔습니다. 만약 제가 목양을 만나지 않고 살았다면 지금의 제 모습은 어떠했을까요? 생각하기도 끔찍하지만 남들보다 더 못한 인생을 살고 있지 않을까? 라고 생각합니다. 삶의 목적없이 방황만 하다가 생을 마감했을지도 모릅니다. 그러나 지금은 새로운 삶을 사는 기분으로 매일 기쁘게 살면서, 어릴 때부터 예수를 믿도록 도와준 부모님과 담임목사님, 그리고 내 인생의 목적을 알려 주신 한성택 목사님께 진심으로 감사하며 하루하루를 살아가고 있습니다.

교실에서 기도.. 성경 읽기 한 후

그리고 매일 1시간씩은 꼭 하나님께 기도하는 시간으로 정하고 삽니다. 한성택 목사님께서 공부1등의 비법은 하나님과의 관계가 친밀해지는 기도 1시간에 비결이 숨어있다고 하셨습니다. 그 말을 듣고 깨어 매일 기도하고 야자시간 전에는 성경읽고 맨 뒷자리에 앉아서 우리 반 아이들 하나하나 마음속으로 불러가며 기도를 하고 그 다음 공부를 시작합니다.

목양을 만나기 전에는 학교에서 기도하고 성경책을 꺼내는게 부끄러워서 아예 시도조차 하지 않았습니다.

그러나 목양의 영성이 들어간 후 하나님께서는 자존감을 회복시켜 주셨고, 학교에서 당당하게 기도하고 성경도 읽고 큐티도 하도록 변화 시켜 주셨습니다. 신기한 것은 제가 기도하고 있으면 믿지 않는 친구들이 제 곁에 와서 저에게 기도 부탁을 하곤 합니다. 사람인 제가 봐도 기도 부탁하는 친구가 기특하고 축복을 주고 싶은데 하나님은 오죽할까요? 하나님께 그 친구들 가정과 그 친구들 삶을 붙들어

달라고 그 자리에서 바로 축복기도를 합니다.

하나님의 영광을 위하여..

저는 하나님께 내 평생을 받쳐도 모자랄 사랑과 은혜를 받고 있습니다. 말로 다 표현 못 할 하나님을 글로써라도 표현합니다. 제가 받은 이 은혜를 여러분도 함께 받으셔서 죽어가는 다음세대를 살리는 목양사역으로 세계를 다스리고 장악하시길 바랍니다. 제가 지금 하는 공부는 제가 잘 먹고 잘 살려고 하는 것이 아닙니다. 하나님의 사람으로 세상을 정복하고 다스리는 자가 되기 위해 준비하는 과정 중 하나라고 생각합니다. 아직까지 세상은 공부 잘하는 사람이 지도자가 되고 세상을 흔드는 것이 현실입니다.

그래서 전 하나님께서 주신 지혜로 나의 분야의 최고가 되고 세상을 좌지우지하는 1%의 세계적인 리더가 되려고 노력하고 기도로 준비하고 있습니다. 하나님의 사람이 세상을 장악하고 하나님께 영광 돌려드리는 것이 내 삶의 목적임을 고백하면서 이 간증문을 보시는 모든 분들 삶 가운데도 제가 만난 하나님께서 분명히 역사하실 것을 믿으며 축복합니다. 이상 목양을 만나 새 삶을 살고 있는 행복한 하나님의 자녀 윤혜정이었습니다. 감사합니다.

넌 무엇 때문에 공부하니?

충현교회 _ 대학2 석 예 인

하나님은 영이시니
예배하는 자가 영과 진리로 예배할지니라
요한복음4:24

저는 공부에 참 얽매여 있던 아이였습니다. 중학교 시절, 학교에 남아 있던 시간은 정규 수업을 제외한 방송부 활동 시간, 그 이후의 시간은 친구들과 어울려 노래방을 간다거나 시내를 간다거나 하는 일은 특별 한 날 외엔 가지 않던 아이였습니다. 학교에서 시행되는 중간·기말고사 그리고 각종 수행평가에서 높은 점수를 받아야만 한다는 욕심이 있었고, 예체능 또한 절대 놓치지 않았습니다. 하지만, 그 가운데서도 누가 저에게 '너 무엇 때문에 공부하니?' 라고 물으면 선뜻 답하지 못하고 '그냥..... 해야만 하는 거니까.' 이렇게 대답하곤 했습니다.

벨 국제학교에 가다

중학교를 졸업 할 무렵 '벨 국제학교' 라는 기독교 학교를 캠프를 통해 알게 되었고, 고등학교를 중학교와 같이 공부에만 매여 있는 생활을 하기보단 좀 더 자유로운 분위기속에서 생활하고 싶다는 생각에 학교 선생님들의 만류에도 불구하고 입학을 하게 되었습니다. 기숙사에서 생활해야하는 학교이고, 또 부모님과도 떨어져 지내고, 교육청에서 정식 학교로 인가받은 학교가 아니기 때문에 검정고시를 쳐야했습니다. 그래서인지 학교에서 치러지는 시험들에 대해서 깊게 생각하지도 않게 되고 자연스럽게 공부와도 조금씩 멀어지게 되었습니다.

'벨 국제학교'는 '심력, 지력, 체력, 자기관리능력, 인간관계 능력'을 바탕으로 한 5차원 학습법을 중심으로 하여 고등학교 과정을 공부하는 곳입니다. 중국, 캐나다, 필리핀에서의 수업들을 통해 다양한 경험을 할 수 있는 학교였습니다. 일반 고등학교에 다니는 학생들은 쉽게 경험 할 수 없는 승마수업, 경비행기 이러한 것들을 배울 수 있었고, 졸업하기에 필요한 컴퓨터 자격증, 태권도 1단, 어릴 적부터 해왔던 악기연주를 계속 배울 수도 있었습니다. 기독교학교였기 때문에 Q.T를 함께하는 중보기도 팀도 매년 있었고, 수요예배, 목요찬양예배, 주일예배들을 통해 신앙적으로 무너지지 않는 생활도 할 수 있었습니다.

얻은 것과 잃은 것

3년간의 고등학교 생활을 통해 심력, 체력, 자기관리 능력, 인간관계능력은 향상되었지만, 정작 사회에 나갔을 때 실력으로 평가되는 지력은 현저히 떨어져 있는 제 자신을 볼 수 있었습니다. 입학 당시 기대했던 성적과는 다른 성적이 나오자 저에게 실망했다고 말씀하시는 선생님도 계셨고, 정말 믿고 잘 따르던 한 선생님으로 부터는 '널 미워했었다' 는 말을 들음으로 상처가 생기면서 선생님을 미워하게 되고, 졸업을 앞둔 시점에서 내가 책임지고 맡은 일이 아님에도 불구하고 인터뷰를 했던 사람이 나였다는 이유로 정말 많이 따랐던 선생님에게 호되게 혼나 그 선생님을 엄청 싫어하게 되는 사건도 있었습니다. 선생님과의 관계가 회복되지 못한 상태에서 곤두박질 친 성적을 다시 끌어올리기에는 기초가 바탕이 되어야 하는 '수능시험' 앞에선 정말 어려운 일이었습니다. 그러던 중에 고등학교를 졸업하게 되었고, 재수하기로 결정을 하게 되었습니다. 쉽게 경험하지 못하는 것들을 경험 할 수 있었고 다양한 사람들을 만날 수 있었기 때문에 후회하지 않고 얻은 것도 참 많았던 고등학교 생활이었지만, 잃은 것도 많았던 생활이기도 했습니다.

삶의 목적이 뭐야?

이렇게 재수를 하게 되고 대구에 있는 학원을 다니며 공부하던 중에 어느 날부터 아빠가 새벽부터 학원을 가는 저에게 '예인아, 넌 세계적인 리더다.'라고 말씀해주시기 시작했고, '삶의 목적이 뭐야?' 라고 물으시기 시작 했습니다. 처음에는 아빠가 왜 저러시지 하는 마음에 갸우뚱 하기도 하고, 조금 지난 뒤 아빠는 내가 삶의 목적이 목양이라고 대답하길 원하시는 걸 알게 되었지만 그 당시의 나는 삶의 목적이 왜 목양이 되어야 하는지도 몰랐고 아빠가 원하는 대답을 하는 것도 쉽지 않았고 왠지 모를 민망함에 그냥 웃어버리곤 '다녀오겠습니다.' 하고 학원을 다녔었습니다. 그러던 중 남동생은 청소년 목양 수련회에 가게 되었고, 목양 부흥회를 한성택 목사님이 강사로 오셔서 우리교회에서 집회를 한다는 이야기를 들은 저는 공부도 해야 했기 때문에 그때 참석할 생각으로 수련회에는 참석하지 않았습니다.

주여! 세 번 외치고

2박 3일 목양 수련회에 참여하고 돌아온 동생은 그때부터 변화되기 시작했습니다. 아빠 엄마가 매일 밤 한 시간 혹은 그 이상 기도하는 그 시간에 따라 나가 기도하기 시작했고, 학교현장에서 친구들에게 '너는 세계적인 리더다.'라고 말하고 다니며 전도하고 전도의 열매가 나타나는 동생의 모습을 보면서 참 신기했습니다. 그런 모습들을 보면서 8월에 있을 목양부흥회(충현교회)를 기대하는 마음으로 기다리기 시작했고, 8월 24일 부흥회 첫 날 한성택 목사님께서 말씀하시는 창세기 1장 27-28절의 복, 내 삶의 목적이 목양이라는 것, 나는 복 받기 위해 태어났고 생육하고 번성하여 땅에 충만하며, 땅을 정복하고 바다의 물고기와 하늘의 새와 땅에 움직이는 모든 생물을 다스리라는 말씀에 정말 많은 은혜를 받았습니다. 특히 강의 후 기도를 할 때 '주여'를 세 번 외치고 기도했는데, '주여' 하고 두 번째 부르짖는 순간 뭔가 뜨거워지면서 쉴 새 없는 눈물이 쏟아지고 부르짖어 기도하는 제 모습을 볼 수 있었습니다.

주일성수 온전히 못하고 공부 했는데..

이렇게 3일을 기대하는 마음으로 지냈고, 공부에 관한 기도를 받게 되었습니다. 수학 성적에 대한 기도를 제일 먼저 받았는데, 그 해 수능시험에서 수학 성적이 30점 정도 올랐습니다. "1등급 받게 해 주세요." 하고 기도를 받았어야 했는데....하하!! 여하튼 부흥회가 있은 후부터 저도 매일 밤 한 시간씩 기도하는 생활을 시작했습니다. 꾸준히 성적이 오르고 있던 터라 수능 성적을 은근히 기대하고 있었는데, 수능 성적의 결과는 기대 이하의 성적이 나오게 되었습니다. 주일을 온전히 지키지 못하고 공부하러 학원 다녔던(주일 1부 예배드리고 학원에 공부하러 감) 나 자신의 잘못도 있고, 하나님의 뜻도 분명히 있다고 확신합니다. 지금은 대구대학교(러시아어 전공)2학년에 재학 중입니다. 입학 당시에는 나보다 공부 못했던 친구들이 있는 학교에 간다는 것이 창피했습니다. 하지만 내 삶의 목적은 목양임을 확신하고 난 다음부터는 어디서든지 목적이 흔들리지 않고 그곳에서 최선을 다하자는 마음으로 학교를 다녔습니다.

대학 문화와 맞짱 뜨다

신입생 O.T가 주일부터 화요일까지 3일동안 있었는데 학교관련 사항을 알려준다고 해서 가야한다기에 주일 낮 예배까지 온전히 지킨 후 따로 O.T장소에 갔습니다. 학교에 관한 설명도 듣고 교수님도 뵙고 하는 가운데 다들 '네' 라고 대답하는데 그전에 컨퍼런스며 집중훈련이며 따라다녀서 그런지 나도 모르게 '아멘' 이라고 대답해 버리는 해프닝도 있었습니다. 요즘 대학생 문화에 자리 잡고 있는 술 문화에서도 교회 다니기 때문에 술은 먹지 않는다고 당당하게 말하고, 술을 한모금도 입에 대지 않았고, 더 이상 강요하는 사람도 없었습니다. 하나님의 은혜였습니다. 이렇게 O.T도 다녀오면서 학교생활에 적응하기 시작했습니다.

새벽기도마다 주님을 만나다

2009년 목양을 만나고 2010년부터는 새벽기도생활을 계속 하던 중이라 입학을 해서도 여전히 새벽에 만나는 주님을 놓치지 않으며 학교생활을 하게 되었습니다. 학교에서 '너는 세계적인 리더다. 선배는 세계적인 리더에요.' 라고 전도하기 시작했고, 전도를 해서 교회 왔던 한 친구는 군 입대하여 그 곳에서도 교회를 다니는 감사한 일도 있었습니다. 그 사이에 학과에서는 선배들, 동기들로 부터 '너 같이 독실한 크리스천은 처음 본다.' 라는 말들을 들으며 학교생활을 하게 되었습니다. 목양을 만나고 하나님과 회복하고 나 자신과도 회복되었습니다. 그리고 고등학교 과정(대안학교)을 부모님과 떨어져 지내면서 조금씩 멀어졌던 부모님과의 관계도 회복되었습니다. 고등학교 기간에 싫었던 선생님들도 내 마음에서 용서하게 되고, 지금은 그 선생님들과도 연락을 하며 지내는 선생님과의 회복이 되었습니다.

아~ 하나님이 하신거구나! 하나님의 은혜구나!

특히 신기한 경험을 했던 것은 2010년 첫 중간고사 때 부터였습니다. 전공과목은 꾸준히 공부해 왔지만, 교양과목은 수업 시간에 했던 것들, 시험 치기 전에 그냥 한번 훑어 본 정도였는데 중간고사 결과 전공과목은 모두 1등을 했고, 교양과목 모두 'A+'를 받게 되는 일이 있었습니다. 그 뒤로 1학기 기말고사에서도 같은 상황이 벌어졌고 결국 1학기는 4.4학점으로 1등을 하고 전액 장학금을 받게 되었습니다. '아 ~하나님이 하신거구나! 하나님의 은혜구나!' 라는 생각을 내 삶 속에서 처음 경험하는 순간 이었습니다. 2학기가 되면서 동기들이 '교양 공부 어떻게 해서 성적 잘 받았어?' 라고 물으면 '다 하나님의 은혜로' 이렇게 대답하곤 했습니다. 그때마다 친구들은 '헐~' 이라는 반응이었지만, 제가 할 수 있는 답은 그것뿐이었습니다.

계속 1등을 하자 교만해졌는지 새벽기도 생활보다는 교양공부를 해보겠다고 시간을 투자하고 시험을 쳤었던 2학기 첫 중간고사, 그래도 하나님은 저를 사랑하시고 저를 위해 기도하시는 부모님을 비롯한 많은 분들의 기도 덕분인지 제가 제 욕심으로 매달렸던 그 교양과목을 빼놓고는 'A+'를 받는 은혜를 허락해 주셨습니다. 저는 이때 뼈저리게 느꼈습니다. 내 욕심으로 되는 것은 아무것도 없구나! 다 하나님의 은혜구나 내가 아무리 공부를 많이 했다고해도 막상 시험에서 실수하게 하시면 모든것이 끝나는데, 내가 교만했었다는 것을 내 욕심과 야망이 나를 지배하고 있었다는 것을 알게 되었습니다. 기말고사 때도 하나님과 공부에 집중하지 못하도록 하는 방해요소들이 있었습니다. 평소 해왔던 공부로 시험을 쳤고, 막상 시험기간에는 공부를 제대로 하지도 못한 채 시험을 치르게 되었습니다. 약한 제가 또 넘어진 것입니다. 하지만 그럼에도 불구하고 하나님께서는 또 다시 은혜를 주셨습니다. "4.2학점만 넘을 수 있게 해주세요. 장학금 받지 않아도 좋으니 제발 4.2학점만 넘게 해주세요." 이렇게 생각하고 있던 제게 하나님께서는 4.2학점을 허락해 주셨고, 1등으로 전액 장학금을 받는 것도 허락 해 주셨습니다. 정말 하나님의 은혜지요.

1학기 때 1등을 했던 저에게 같은 과 학생들이 장학금을 받겠다고 저를 경계하며, 열심히 공부하던 2학기에도 하나님은 제 손을 들어주셨습니다. 얼마나 감사한 일인지 모르겠습니다.

세상에서 가장 쉬운 것

감히 이렇게 고백해 봅니다. 공부는 절대 어려운 것이 아닙니다. 우리가 두려워하고 적대시하기 때문입니다. 목양을 만나기 전, 저에게 공부는 그냥 당연히 해야만 하는 것이지만 골치 아픈 것 이었습니다. 하지만 삶의 목적을 발견한 저는 공부하는 것이 즐겁고 행복합니다.

그리고 공부는 너무너무 쉽습니다. 공부는 하나님이 주신 것이라는 것을 믿기 때문입니다. 공부를 위한 기도, 과거에는 생각하지도 않았습니다. 하지만 지금 저는 공부를 위해서 기도하고 목사님께 안수기도 받는 것을 사모합니다. 그것 또한 공부를 잘 하는 비결임을 알고 있기 때문입니다. 누구든지 삶의 목적을 발견하고, 5대 관계만 회복되고 그것들을 매일 점검한다면 누구든지 공부를 잘 할 수 있다고 확신할 수 있습니다.

목양 안에서 만난 5대 관계회복

목양 안에서 만난 '하나님, 나, 선생님, 부모님, 공부.' 이 5대 관계의 회복을 통해 받은 복이 얼마나 큰지 저는 알고 있습니다. 하지만 안심할 수 없는 것은 언제라도 다시 그 회복된 관계가 깨어질 수 있다는 것입니다. 제가 2학기 때 경험했던 것과 같은 수많은 방해요소들이 곳곳에서 우리를 방해하려고 숨어있습니다. 그렇기에 저는 지금도 새벽을 깨워 기도합니다. 조금이라도 방심하거나 나의 욕심으로 채워지는 순간 무너져 버리기 때문입니다. 목양의 마음이 있으면 어느 곳에 있더라도 감사가 나옵니다. 낙심하지 않습니다. 삶의 분명한 목적을 알고 있기 때문입니다. 그리고 저는 분명히 말 할 수 있습니다. 제 삶의 목적은 목양이라고..

제 삶의 목적을 깨닫게 해 주신 하나님께 감사합니다. 그 목양의 기름부으심을 받고 목양의 영성을 유지하게 해 주신 아빠이자 충현교회 담임목사님이신 석근대 목사님을 존경하며 사랑합니다.

너무나 힘들어..
함께 있어 줄래?

청주사랑순복음교회 _ 장 호 익

이르되 주여 내가 주께 은총을 입었거든
원하건대 주는 우리와 동행하옵소서
이는 목이 뻣뻣한 백성이니이다
우리의 악과 죄를 사하시고
우리를 주의 기업으로 삼으소서

출34:9

하나님께 받은 은혜가 너무 크고 놀랍기에 이렇게 간증으로 많은 분들과 나눔과 교제로 은혜 나누길 원합니다.

이대로만 간다면 성공인데..

저는 교회에서 어릴 적부터 성가대와 찬양단의 음악을 들으며 자랐습니다. 잔잔한 찬양을 할 때는 손을 들어 찬양하기도 했고 신나는 찬양을 할 때면 뛰고 춤추며 찬양하기도 했습니다. 그러한 환경 속에서 저는 음악을 쉽게 접할 수 있었습니다. 쉽게 배울 수도 있었습니다. 찬양을 듣고 살았음에도, 저는 왠지 모르게 세상음악을 하는 밴드를 하기로 마음을 먹었습니다. 동료들을 구하고 공연을 준비하고 잘 진행되는 줄 알았습니다. 그대로만 간다면 성공할 줄 알았습니다.

15세에 간암으로 세상을 떠난 친구

저에게는 5명의 동료가 있었습니다. 저와 한 팀으로 움직이고 공연도 하던 친구들이었습니다. 그들과는 어렸을 적부터 매우 친했고 손가락만 까닥해도 깔깔 웃고, 말은 안 해도 그들의 마음까지 읽을 수 있는 참 좋은 사이였습니다. 제가 중1때 저희 교회는 목양수련회를 참석하지 않고 다른 수련회를 다니고 있었습니다. 여름방학이어서 어김없이 수련회에 참석 중이었습니다. 3박 4일 일정이었는데 셋째 날, 저녁에 제 친구에서 연락이 왔습니다. 그 친구의 목소리는 어두웠고, 한 친구가 간암이 악화되어 죽었다는 소식을 전해 들었습니다. 당황했습니다. 손이 떨리고 몸이 떨리기 시작했습니다. 제가 그곳에서 할 수 있는 것은 기도밖에 없다는 것을 알았습니다. 몸이 안 좋다

는 것은 알고 있었지만 그렇게 갑작스럽게 일이 일어날 줄은 몰랐습
니다.

교통사고와 심장병, 자살로 친구 4명이 죽다

그렇게 저희 팀은 4명이 되었습니다. 그 후로 2년 사이에 그 모든
친구들이 제 곁을 떠나갔습니다. 제 눈 앞에서 교통사고로 두 명이
죽었습니다. 또 한명은 학업과 자신의 꿈과의 갈등으로 인해 자살을
선택하였고 평소 심장이 안 좋았던 한 친구는 심장의 판막이 제 기능
을 하지 못하여 죽었다고 뒤늦게 들었습니다. 암흑과 같았습니다. 그
누구도 저를 어두운 터널 속에서 빠져 나오게 할 수 없었습니다.

하나님을 부인하고 방황의 길로

친구들이 하나 둘씩 제 곁을 떠나가면서 저는 신앙과 하나님을 부
인하게 되었습니다. 그렇게 생각 할 수 밖에 없었습니다. 그러면서
저는 방황의 길로 들어가게 되었습니다. 술, 담배는 기본이었고 오토
바이를 타고 돌아다녔습니다. 밤늦게 친구들과 어울리고 그릇된 행
동들을 많이 저질렀습니다. 그러면서도 부모님과 교회에는 방황하는
저의 모습을 숨겼습니다. 실망하실까봐 걱정됐습니다. 하지만 실망
시키지 않아야겠다는 생각이 가식과 거짓, 형식적인 삶으로 변질되
었습니다. 사업으로 바쁘셨던 부모님께는 공부만 열심히 하고 있는
아들로, 교회에서는 일 열심히 하는 일꾼으로, 제 본 모습을 감추었
습니다. 부모님한테는 일부러 착한 말을 내뱉고 교회에서는 일 잘하
는 척 하면서도 교회 밖에만 나오면 다시 방황하는 삶을 사는 제 모

129

습이었습니다. 그때는 그 생활이 너무 좋았습니다.

아무것도 신경쓰지 않고 내가 하고 싶은 대로만 하면 되었으니까요. 또 그게 다 인줄 알았습니다. 그렇게 살다가 죽으면 그만이라고 생각도 했습니다. 방황은 더 깊고 길게 늘어만 갔습니다. 내색을 하지 않다보니 누구 하나 제가 방황하는 사실을 알고 있는 사람은 없었고 그렇다보니 그 방황에서 저를 건져줄 사람도 없었습니다.

누가 날 건져 줄까?

방황을 하며 시간가는 줄 모르고 살다보니 어느새 수련회기간이 다가왔습니다.

목사님께서 이번에는 다른 수련회를 가시겠다고 하셨습니다.

목양 청소년수련회라는 곳이었습니다. 가기 싫었습니다. 정말 짜증부터 났습니다.

부모님한테 수련회가기 싫다고 처음으로 화도 냈습니다. 하지만 저희 부모님께서 교회일에 대해 매우 엄격하시기에 어쩔 수 없이 입이 부풀대로 부풀어 수련회에 참석하게 되었습니다. 말씀이 귀에 들어오지 않았고 그 신나게 부르던 찬양도 더 이상 저의 몸을 움직이게 하지 못했습니다. 수련회 기간이 매우 괴롭고 걸어서라도 집으로 가고 싶은 마음이었습니다. 다른 학생들은 모두 은혜 받았다며 담임목사님께 간증도 하고 했습니다. 하지만 제 마음 속엔 기쁨도 행복도 은혜도 없었습니다.

아무런 성과없이 돌아왔습니다. 수련회 후에 전국에서 컨퍼런스들이 열렸습니다.

정말 가기 싫었습니다. 그렇지만 부모님 압박에 의해서 컨퍼런스에 모두 참석을 했습니다. 죽고 싶었습니다. 그렇게 전국을 돌아다녀 예배에 참석하였어도 제 삶에는 변화가 없었습니다. 그런 제 모습에 한숨이 나오기도 했습니다. 그때부터는 제 자신을 탓하기 시작했습니다. 제 자존감이 모두 무너지기 시작했습니다. 주변의 시선을 보기 시작했습니다. 괜히 사람들이 웃는 모습만 봐도 나를 보면서 비웃는 건 아닌지 나를 놀리려는 건 아닌지 의심도 하며 남들을 믿지 못하게 되었습니다.

두려워서인지 자살하는 것에 실패

혼자 감당하기엔 너무나 큰 아픔이었기에 처음으로 학교 친구들에게 제 사정을 말했습니다. 같이 음악 하려던 친구들 5명이 죽어서 내가 너무 힘들다고, 외롭다고, 같이 있어달라고, 떠나지 말아달라고… 하지만 방황을 하며 학교 친구들과의 관계는 이미 무너진 상태였기에 그 친구들은 저에게 눈길을 주지도 않고 제 말을 믿어주지도 않았습니다. 거짓말이라며 저를 비난하기도 했습니다. 눈앞이 캄캄했습니다.

어디 하나 의지할 곳이 없었기 때문입니다. 어느 날은 너무 답답하고 화가나서 아파트 옥상으로 올라갔습니다. 살기 싫었습니다. 한발 한발 내딛었습니다. 제가 아파트 위에서 몸을 던지려 할 때 제 눈에 나무 3그루가 보였습니다. 참새와 비둘기가 날아다니는 모습이 보였습니다. 동네 아이들이 세발자전거를 타는 모습, 모래로 소꿉놀이하는 모습. 그 위에서는 많은 것이 보였습니다. 그런 모습들을 보면서 저는 더 악해졌습니다. 세상은 저렇게 평화롭고 아름다우니까 나하곤 어울리지 않는 곳이라고 생각했습니다. 그리고는 다시 발을 내딛고 몸을 던지려 하였습니다. 하지만 결단이 약해서인지 뭐가 두려워서인지 끝내 자살하는 것에 실패했습니다. 집으로 돌아와 엉엉 울었습니다. 집엔 아무도 없었고 마음껏 혼자 울 수 있어서 좋았습니다. 자살 실패 후 하루 하루를 멍한 상태로 살았습니다. 사는 게 사는 것 같지 않았고 삶의 목적이 없었습니다.

당신이 진짜 살아있다면 내 친구들 왜 죽였어!!

어느새 또 수련회 기간이 되었습니다. 교회학생들이 또 목양수련회로 가자고해서 자연스레 목양수련회에 가게 되었습니다. 이번에도 가기 싫었지만 반항 할 여유와 힘조차도 없었습니다. 수련회 일정은 저에게 매우 답답하고 잔인했습니다. 예배 후 밥 먹고 또 예배 후 밥 먹고 첫째 날 저녁예배 기도하는 시간이 있었습니다. 저희 교회 학생들은 열심히 기도했습니다. 저는 그 옆에서 교회 학생들을 욕하고 있었습니다. 누구한테 저렇게 열심히 부르짖는 건지 이해 할 수가 없었습니다. 하나님, 즉 신이라는 존재를 부인하고 인정하지 않고 있던 제 모습이었습니다.

이번 수련회도 괜히 왔다라는 생각을 하고 있었습니다.

둘째 날에도 저녁에 기도하는 시간이 있었습니다. 저는 아예 맘을 먹고 하나님께 욕을 하기로 결심했습니다. 남들과는 정반대였습니다. 남들은 하나님을 만나기 위해 기도하였지만 저는 하나님을 떠나기 위해 기도했습니다. 그것도 욕으로 말입니다. "하나님! 당신이 진

짜 살아있다면 내 친구들 왜 죽였어! 당신은 아픈 사람 고치고 힘든
사람 건져내는 존재라면서!" 라고 외치며 욕하기 시작했습니다. 20분
쯤 욕했을까요? 온몸에 소름이 돋았습니다. 뭔가가 저를 휘감는 듯한
느낌을 느꼈습니다. 그러나 저는 아랑곳 하지않고 계속 욕을 했습니
다. 내 친구들 살려내라는 식으로요.

내가 너를 사랑하노라. 크게 사용하리라

그때였습니다. 욕을 하고 있는 도중에 누군가가 제 말들을 끊어버
리듯이 잘라내면서 "내가 너를 사랑하노라." 라고 하는 음성이 들렸습
니다.

그 음성이 하나님이라는 사실을 저는 알고 있었습니다. 하지만 제
삐뚤어진 마음이 또 욕을 했습니다. "나 사랑한다면서 왜 나 아프게
했어요? 무슨 죄가 있다고.." 하나님께서는 아무런 대답이 없으셨습
니다. 저는 그 사실에 다시 화가 났습니다. "그것 봐! 나 버린 거잖아
나 힘들게 하려고 그런 거잖아!"

계속 그렇게 울며 욕을 하고 화를 냈습니다. 10분쯤 후였을까요
또 한 번의 음성이 들렸습니다. "내가 너를 크게 사용하리라..."

더 이상 부인할 수 없었습니다. 그 두 번의 음성 후, 저는 더 이상
아무런 말을 못하고 계속 울면서 마음 속으로 감사하다고.. 나 만나
주셔서, 나 힘들었는데 나 찾아와주셔서 감사하다고 고백했습니다.

바로 하루만에 말씀이 이루어지니..

다음 날 수련회의 일정이 모두 끝이 나고 저희 교회학생들은 차량

운행해 주신다고 하신 목사님을 기다리고 있었습니다. 담임목사님께서 조금 늦으셔서 건물 안에서 기다리고 있었습니다. 다른 교회들은 다 가고 목양훈련원분들도 모두 돌아가실 준비를 마친 상태였습니다. 남은 건 저희 교회뿐이었습니다. 그때 한성택 목사님께서 저희교회를 보시고 저희 무리가 있는 쪽으로 오셨습니다. 어느 교회인지 물어보시고 저를 찾아주셨습니다. 목양클럽에 기도요청으로 제 사정을 글로 올렸는데 목사님께서 보신듯 하셨습니다. 한성택 목사님께서는 저를 보시고는 아무런 말씀도 없으셨습니다.

그리고는 아무 말없이 저를 꼬옥 안아주셨습니다. 진심으로 안아주셨습니다. 그 품이 너무 따뜻하고 포근했습니다.

잠시 후 한성택 목사님께서 저에게 다음 주 곧이어 진행되는 수련회에서 드럼을 섬기라고 하셨습니다. 저는 놀라지 않을 수 없었습니다. 한성택 목사님께서는 어떻게 제가 드럼쳤던 걸 아신 건지, 또 어제 하나님께서 나를 크게 사용하시겠다 하셨는데 바로 하루 만에 그 말씀이 이루어지니... 그 일로 인해 정말 하나님은 살아계시구나! 라는 생각을 할 수 있었습니다.

수련회에서 드럼자리로 열심히 섬겼습니다.

"와 이거다!" 다음세대를 살려라

똑같이 전국에서 컨퍼런스들이 열렸습니다. 이제는 남들이 시켜서가 아닌 제 의지로 모든 예배를 참석하기 원했습니다. 그토록 말씀하신 목양이 무엇인지.. 또 제 방황하는 삶을 고치고 싶었기 때문입니다. 집중해서 말씀을 들으니 '와 이거다!!' 싶었습니다. 나처럼 고통의 삶을 사는 다음세대를 살려야겠다! 하나님 만나게 해야겠다!라는 결단을 하게 된 후 목양을 본격적으로 시작했습니다. 술, 담배와 나쁜 행동들을 모두 끊어버렸습니다. 정말 힘들었지만 하나님께서 나와 함께 하신다 생각하니 그 무엇도 어렵지 않았습니다. 변화되는 제 자신에 감탄하고 자존감이 다시 회복되기 시작했습니다.

그리고는 수련회와 컨퍼런스에서 배운대로 친구들에게 교회가지 않겠냐고 물어보며 전도를 시작했습니다. 열심히 주님의 이름을 전하다보니 친구들과의 관계가 다시 회복되고 하나님께서 정말 소중한 제자 1명을 제게 주셨습니다. 또 그 1명을 통하여서 현재는 41명의 재적을 제게 맡겨주셨습니다. 또 그 41명의 재적 한명 한명마다 자신들이 끼칠 수 있는 영향력을 통하셔서 하나님을 전하고 있고 나름대로의 사역을 감당하고 있습니다.

빼먹지 않고 1시간 기도를 해가며 공부

전도와 함께 하나님의 은혜로 학업의 기름부으심을 받게 되었습니다. 공부하지 않고 게임하고 놀기 바쁜 저의 성적은 평균 40~50점대 였습니다.

그러나 목양을 만난 후 미래에 대한 비전이 생기기 시작했고 '이대로는 안 되겠다 공부하자.' 라고 결심했습니다. 하지만 기초없이 중학교를 졸업하고 막 고등학교를 입학한 후라 약간의 두려움도 있었지만 수련회 때 공부의 기름부으심을 확실히 받았다고 생각하니 평안해지고 계획들이 잡혀갔습니다.

그 중의 하나가 바로 매일 1시간씩 기도하며 공부하는 것이었습니다.

처음에는 1시간 기도한다고 뭐가 달라지겠냐는 믿음없는 저였지만 왠지 모르게 계속 1시간 기도의 감동이 제게 몰려왔고 저는 그것을 실행에 옮겼습니다.

하나님께 나의 학업에 대한 모든 것을 놓고 간절히 기도했습니다.

믿음을 갖고 기도하며 공부했던 고등학교 첫 시험 본 결과에 매우 놀랐습니다. 그건 제가 제일 두려워하고 싫어하던 수학이 1등급이 나왔습니다. 깜짝 놀라지 않을 수 없었고 그 후로 공부에 욕심이 생기고 재밌어지기 시작했습니다.

그 후로 하루도 빼먹지 않고 1시간 기도를 해가며 공부했습니다.

그 결과 저의 성적은 상승세를 타기 시작해 작년 고1 기말고사에 국어, 국사가 1등급이 나왔고 나머지 과목들은 2~4등급이 나왔습니다.

성적이 쭉 상승세를 타면서 담임선생님께서 저를 믿어 주셨습니다.

그리고 야자학습이나 방학 때 보충을 빼야겠다고 말하면 모두 빼주셨습니다. 더욱 감사한 일은 제 제자들도 같이 성적이 오르니 교회 다니는 것을 싫어하시던 제자들의 부모님들은 교회를 믿어주시고 교회 출석을 허락해 주셨습니다.

모든 것이 하나님께 감사하고 지난 2010년은 오직 하나님의 은혜 속에서 살았다고 고백하고 싶습니다.

목사님의 마음을 만나면..

토요일 저녁에 모여 같이 합심하여 교회를 위해, 모든 다음세대를 위해, 목사님을 위해 공통 기도제목을 놓고 기도하고 또 개인 기도제목을 같이 기도해 주며 사역하고 있습니다. 가끔은 제자들이 말을 안 듣고 해서 마음이 아프고 괴롭지만, 이 마음이 곧 하나님의 마음이며 목사님의 마음이라 생각할 때, 이럴수록 내가 더 기도하고 낮은 자세로 섬겨야겠구나 하는 마음이 듭니다.

목양을 만나고 제가 가장 많이 변화된 점은 자존감이 회복되었다는 것이고, 또 목사님의 마음을 알아 목사님의 동역자가 되는 것, 다음세대의 중요성을 알게 되었다는 것입니다. 진정으로 우리가 왜 예배하며 왜 다음세대를 살려야 하는지 뼈저리게 깨닫게 되었습니다.

목양은 사람을 살리고 세우는 것

앞으로 저는 더 많은 제자를 삼고 싶습니다. 많은 다음세대를 살리고 싶습니다. 지금 하나님께서 제게 41명의 재적을 주셨는데, 앞으로 500명으로 부흥하길 소원합니다. 그러기 위해 저는 더 낮아지고 섬기며 온전히 예배할 것입니다.

이제 저는 세상노래를 하겠다는 꿈을 버리고 목사님이 되겠다고 믿음으로 결단했습니다. 세계적인 목사님이 되기 위해 기도하고 또 간구하며 나아가려합니다.

그러기 위해 여러분들의 기도가 필요합니다.

제가 온전하게 설 수 있도록, 세계적인 목사님이 될 수 있도록 기도해 주셨으면 합니다.

끝으로 제 삶을 변화시켜주시고 간증할 수 있게 역사하신 하나님께 모든 영광 돌립니다. 하나님 사랑합니다.

그리고 김동한 목사님 사랑합니다.^^

주여 의에 목마릅니다

박 예 지

나는 목마른 자에게
물을 주며 마른 땅에 시내가 흐르게 하며
나의 영을 네 자손에게, 나의 복을 네 후손에게
부어주리라
사 44:3

아버지 목사님께서는 청년 시절 공장에서 일을 하시다가 손가락이 기계에 끼어 오른쪽 4개의 손가락이 거의 절단되셨습니다. 우리 교회는 다른 교회와는 다르게 장애인 사역도 함께 하고 있습니다. 그러나 여러가지 사정으로 지금은 어른분들의 수가 5~6명 정도인 아주 작은 지하교회입니다.

내가 왜 살지? 빨리 죽고 싶다.

초등학교에서 공부를 어느정도 했던 제가 중학교 첫 중간고사에서 반에서 26등, 전교에서 300등 정도가 나왔습니다. 가정이 어려우니까 공부 못한다는 그런 시선을 받아 하나님께 '만약 제가 공부를 잘 하게 되면 학교 음악선생님으로 하나님께 쓰임 받겠다.' 는 서원기도를 드렸습니다. 그 기도 후, 하나님께서 지혜를 주셔서 성적이 올랐지요. 그런데, 점점 학년이 오를수록 공부에 대한 야망과 교만이 들어오기 시작하였습니다. 점수가 오르면 그 순간에만 '하나님 감사합니다.' 하면서 다음 날이면 내 야망을 가지고 다시 공부를 시작하고, 떨어졌을 땐 울면서 하나님께 원망 불평했습니다.

그렇게 지내다가 중3 때 제가 방황하게 되는 한 가지 사건이 터졌습니다. 3년동안 피아노 전공으로 예술고등학교 입시를 준비하고 있었는데, 가정 형편과 선생님들의 예고 진학 만류 등으로 입시 1달 전에 저의 꿈을 접었습니다. (지금 돌이켜보면 그 꿈은 욕망에 가까웠지만요.) 겉으로는 항상 괜찮다면서 지냈지만, 밤에는 하나님을 원망하면서 울고 자는 일이 반복되었습니다. 그러면서 저의 그 서원 기도를 잊게 되면서, 제 마음에 행복이 점점 사라졌고, 목양을 처음 만나기 전에는 웃으면서도 웃는 느낌을 느끼지 못 할 정도로 증상이 심했었습니다. 또한, '내가 왜 살지? 빨리 죽고 싶다.' 라는 생각도 거의 매일하며 지내기도 하고 하나님께 "저 살기 싫어요. 빨리 천국 가고 싶어요."라고 외친 적도 있었습니다. 심지어 공부하면서 힘들 때 칼 뒷면으로 손목을 그어보면서 자살 연습(?)을 하거나 스스로 목 조르기를 하면서 자살 시도를 준비하기도 했죠.(그 때마다 '죽으면 지옥 간다.' 라는 말이 떠올라 실행은 못해봤지만요.ㅠㅠ)

주여! 의에 목마릅니다

2009년 1월. 저에게 '목양' 이라는 단어를 처음 듣는 순간이 왔었습니다. 예전부터 알고 지내던 청주 사랑순복음교회 사모님께서 목회자 자녀 수련회에 가지 않겠냐?며 엄마께 전화를 하셨습니다. 처음에는 귀찮아서 가고 싶지 않았지만, '기분이나 풀러갈까?' 라는 마음으로 결국 가게 되었지요. 그런데 그곳에서 찬양을 하고 말씀을 듣는데 오랜만에 마음이 편해지는 느낌이 들었습니다. 또한 '김형동 오빠' 의 간증을 듣고 '나보다 더한 사람도 있구나!' 라는 충격과 '나도 하나님을 만나서 이 지긋지긋한 삶을 바꿔야겠다.' 라는 마음이 들었습니다.

그 이후 저도 고통에서 벗어나기 위해 정말 인격적으로 하나님을 다시 만나기 위해 목양수련회를 참석하게 되었습니다. 하지만 여름 수련회를 가서 그렇게 큰 변화는 없었습니다.

십자가의 사랑으로

간절한 마음으로 2010년 1월 양수리 수련회를 가게 되었습니다. '주여' 천 번을 할 때 '하나님, 저 이렇게 살기 싫어요. 정말 다시 한 번 하나님을 만나고 싶어요.' 라고 마음으로 간절히 기도했습니다.

500번, 600번이 외쳐도 감동이 없어서 '이번에도 변화는 없구나.' 라고 생각했는데, 한 700번쯤 외쳤을까.. 하나님께서 환상을 보여주셨습니다. 빛나는 주님의 십자가를 보여주시면서 마음속에서 '내가 너를 진짜 사랑한다.' 라는 감동을 주셨고, 인격적인 하나님을 만나면서 다시 한 번 하나님의 사랑을 체험하게 되었습니다. 그리고 말씀을 통해서 정말 삶의 목적, '목양' 이라는 것이 어마어마하다는 것을 깨닫게 되었습니다.

그런데, 제가 '세계적인 리더' 인 것과 '목양' 을 해야 한다는 것을 깨달았지만, 가난과 지하교회라는 환경을 자꾸 보게 되어 자존감이 다시 낮아지고 친구들에게 자신 있게 복음을 전하지 못했습니다.

하나님의 은혜를 체험했지만, 이대로 있다간 다시 예전처럼 그런 삶을 살 것 같았습니다.

회개와 변화 그리고 행복

2011년 겨울수련회 때는 매 시간 '전도의 기름 부으심' 과 '나 자신과의 회복' 을 간절히 사모하면서 기도를 했습니다. 첫째 날 저녁에는 스텝으로 봉사했던 교회 언니들을 원망한 것을 회개케 하셨고, 2번째 날 저녁 안수 받을 때 교회 나간 성도들을 저주하고 비판한 것을 회개하게 하셨습니다. 그리고 이번엔 주님께서 십자가를 지시는 모습을 보여주시면서 '네가 하려 하지 말라. 다 내게 맡겨라.' 하시면서 저도 모르게(성령님께서 하신 거지요?) '20명을 전도 하겠습니다.' 라고 외쳤습니다. 주님께서는 제가 전도가 안 되었던 이유가 환경을 본 것도 그렇지만 내 스스로가 열매를 맺으려고 했기 때문에 더 안 되었다고 감동을 주셨습니다. 지금까진 열매가 맺어지지는 않았지만, 전도를 위해 더욱 기도하게 되고 전도에 대한 자신감이 조금씩 생기기 시작했습니다. 또, 저의 자존감이 점점 회복되고 환경보단 주님의 뜻을 더 바라보게 되었습니다.

목양을 만난 후, 저의 삶은 고통이 아니라 행복으로 바뀌게 되었습니다. 죽고 싶다는 생각과 하나님께 불평하는 것 대신에 내가 살고 있어서 행복하다는 마음과 다시 한 번 삶을 주신 하나님께 감사하며 기쁠 때나 힘들 때나 항상 하나님을 먼저 찾게 되었습니다.

하나님의 영광을 위하여

특히, 공부의 기름 부으심이 오자 야망을 위해 했던, 자존심을 위해 했던, 공부가 하나님을 기쁘시게 하고 즐겁게 하는 공부로 바뀌게 되었습니다. 물론, 집중력과 이해력도 전보다 더욱 커지게 되었습니다.

'하나님, 선생님께서 어떤 문제를 내실까요? 알려주세요.' 하면서 수업을 듣는데, 어느 순간부터 '선생님께서 이 문제를 왠지 낼 것 같다.' 는 것이 느낌이 들기 시작했습니다. 또, 시험 보기 1주일 전에는 '안 되는 과목 있으면 교과서를 끌어안고 자라.' 는 한성택 목사님의 말씀을 새겨듣고 실천했습니다. 그 결과, 아무리 투자를 해도 1학년 때부터 모의고사에서 항상 간신히 3등급 하던 언어가 9월에 갑자기 1등급으로 상승하면서 12월 마지막 모의고사 때까지 계속 등급이 유지 되었고, 내신에서는 조금씩 등수가 올라가더니 고2 기말고사 때는 전교 5등까지 올라가는 놀라운 기적을 체험했습니다.

가정 형편이 어려워 학원도 다니지 않는데다가 음악을 하는 제가 이런 성적을 나온 것을 보고 선생님들께서도 격려해주시고 점점 관심을 가져주셨습니다. 그런 선생님들의 모습을 보면서 저도 선생님들에게 마음을 더 열면서 다가가면서 선생님들의 비판하던 것이 점점 사라지고 존경하는 마음이 생기기 시작했습니다.

삶의 목적을 만남과 치유

목양을 만나기 전에 저는 '난 하필 목회자 자녀로 태어났을까? 그냥 평신도 자녀였으면 마음대로 하고 싶은 걸 했을텐데...' 이런 생각을 거의 하루에 한 번 정도 하며 살았습니다.

부모님께서 제가 태어날 때부터 장애인 목회라는 어려운 목회를 하시고 계셨기 때문에 집안이 넉넉지 못해 제가 사고 싶은 것, 하고 싶은 것도 항상 눈치 보면서 하게 되었습니다. 그리고 목회자 자녀라는 이유로 예배다 뭐다 해서 푹 자거나 친구들과 놀고 싶었지만 그러지 못하고, 옷 입는 거나 액세서리 같은 것도 제 마음대로 못하니 엄마와 갈등을 일으킨 적도 종종 있었습니다.

부모님께서 목회자라는 것이 밝히기 부끄러운데, 게다가 아버지께서 장애인이시라는 이유로 사람들의 부담스러운 시선으로 느끼며 지냈습니다. 목회자 자녀라는 사실에 더 그럴까봐 친구들이나 사람들에게 제가 목회자 자녀라는 사실을 거의 알리지 않고 지냈습니다.

그러나 이런 마음들도 목양에서 은혜를 받아 목회자 자녀로 태어난 사실이 얼마나 축복과 은혜인 것을 깨닫게 되었습니다. 또한, 부모님이 목회자라는 것, 특히 아버지께서 장애인이신 것을 다른 사람들 앞에 소개하기 부끄러워했던 제 마음을 주님께서 치료하시면서 그동안 '부모님께서 목회 하시는데 얼마나 힘들었을까?' 라는 마음이 들어왔고, 영혼을 살리시는 부모님이 너무 자랑스럽고 존경하게 되었습니다.

거기다 아버지께서 그동안 사람들의 시선을 받았을 상처가 제 마음에 들어와 아버지에 대한 이해가 생기기 시작했습니다.

끝없는 주님의 사랑

다른 사람들에 비해 저의 간증은 정말 사소하고 별 거 없어 보일 수도 있을 것입니다. 하지만, 저에게 있어서 아주 큰 간증입니다. 18년 동안 가난과 목회자 자녀, 집안이나 교회 환경에 눌려 살았던 제가, 공부의 야망 때문에 괴롭게 공부했던 제가, 사는 게 싫어 자살을 연습하고 기도했던 제가 이렇게 하나님의 사랑을 받고 자존감이 회복되고 즐겁게 공부하며 살아간다는 건 정말 기적입니다. 만약, 제가 이러한 체험을 하지 않았더라면 한국 땅에 없거나 심지어는 이 세상에 없었을 수도 있다고 생각을 합니다.

그러나 그러한 고통 속에서 주님을 다시 만나 하나님과의 관계가, 내 자신, 부모님과, 그리고 선생님들과의 관계가 회복되었습니다.

사도행전적 제자를 꿈꾸며

마지막으로 저의 비전은 두 가지입니다.

하나는 제가 옛날에 서원기도 했던대로 음악선생님이 되어 학교에서 목양으로 세계적인 리더로 키우고, 음악으로 공부에 지쳐있고 방황하는 아이들을 치료하는 비전입니다. 또 다른 한 가지는 목양 수련회에서 기도하다가 응답 주신 것인데, 제가 교직생활을 은퇴하고 아프리카에서 목양하며 봉사하는 비전입니다. 솔직히 이 비전들은 사람의 눈으로는 어렵기도 하고 되기도 싶지 않는 직업이지만, 이 비전들은 야망이 아니라 하나님의 꿈이기에 전 주님께서 길을 열어주신다는 걸 믿습니다! 아멘!

p.s. 여러분! 혹시 저와 같은 삶을 살아가고 계시지 않으세요? 아니, 저보다 더 큰 방황의 삶을 살아계시는 분들 분명히 계실 거라 생각합니다. 만약 그렇다면 포기하지 말고 주님을 간절히 찾아보세요. 그럴 때 주님은 여러분을 위로하시고 회복하신답니다.

"여러분들은 모두 세계적인 리더입니다!^^"

(All of you are Global Leaders)

요셉 소녀! 꿈을 들어 올리다

천 은 선

할 수 있거든이 무슨 말이냐
믿는 자에게는 능치 못할 일이 없느니라.
-마가복음 9:23

말씀과 충돌하고

저는 모태신앙이라서 그런지 세상문화와 교회를 양립하며 컸습니다. 초등학생 때에는 윙윙리더로 교회를 섬겼고, 초등학교 고학년과 중학교 때 까지는 반주자로 사역하기도 했었습니다. 그러나 중학교 때 그러면 안 된다는 것을 알면서도 친구들 그리고 선배들과 어울려 호기심 반, 장난 반으로 술을 마시기 시작했습니다.

자주 즐기거나 원해서 마시는 경우는 드물었지만, 조금씩 '세상사는 데에는 술도 할 줄 알아야 한다.' 라는 생각도 싹 트기 시작했고, 누군가 권한다면 쉽게 넘어져 마시기 일쑤였습니다.

이렇게 방황의 길로 빠져들기 시작하면서 점점 예배드리는 것도 싫어져 예배시간에 친구들과 장난치거나 예배를 드리다가 몰래 빠져나가곤 했습니다. 그리고 중3이 될 무렵 친한 친구가 전학으로 인해 교회도 옮기고, 교회 오빠도 군대를 가버리니, 교회 오는 재미도 점점 없어져 더 교회와 멀어졌습니다. 또한 반주를 하는 데 있어서도 '흥, 내가 아니면 안 되니깐' 이런 생각이 들었고, 이 생각은 자연스럽게 교만한 저의 모습을 나타내게 되었습니다. 어른들께서도 제 눈치를 볼만큼 짜증내면서 제 멋대로 행동했었습니다.

가요로 무대에 서다

그리고 고등학생이 되니 반주도 그만두고, 교회와 멀어질 정말 좋은 핑계거리가 생겼습니다. 고등학교 생활을 하느라 시간이 없다는 터무니없는 핑계였죠. 그렇게 해서 교회에는 주일에만 가고, 예배도 중.고등부예배만 드리고 집으로 곧장 들어오는 생활을 했습니다.

그러기를 몇 달, 고1 중반쯤엔 친구의 추천으로 밴드부에도 들게 되었습니다. 그러자 가요를 듣는 시간이 몇 배 이상 늘어났고, 가요를 부르기 위해 무대에 서는 횟수가 늘어나자 하나님보다는 내 자신을 나타내는 데 힘쓰게 되었습니다.

그리고 고등부 회장을 맡았음에도 불구하고 전도는 커녕 기도도 하지 않았고, 예배드릴 때조차 다른 생각으로 가득 차 있었습니다. 교회 수련회도 학교를 핑계로 빠지게 되었고, 주말에는 교회가고, 주중에는 방황의 삶을 사는 거짓신앙인의 모습으로 살아왔었습니다.

더 무너짐#

이런 삶을 살다 보니, 조금만 힘이 드는 일이 생기면 쉽게 무너졌고, 특히 친구 관계에 있어 민감했던 저는 친구와 조그만 트러블이 생겨도 자기 자신의 소중함을 깨닫지 못하고, 자살을 생각하곤 했습니다. 어느 날은 커터칼을 집어 들어 제 손목을 그으려고 시도했지만, 두려움에 도저히 그을 수는 없었습니다.

이렇게 시도만 두 번 하다 우울한 생각에 사로잡힌 저는 무기력한 삶을 살게 되었고, 이런 저런 핑계로 공부는 뒤로 미뤄두게 되었습니다.

어쩔 수 없이 학교에서 야자를 할 때면 공부하기 보단 친구들과 잡담하고, 소설을 읽거나 영화나 드라마 등 TV프로그램을 PMP에 넣고 다니며 선생님의 감시를 피해 몰래 봤습니다. 그러자 성적은 하염없이 떨어지기만 했고, 공부는 하지 않으면서 성적은 오르길 바라는 그런 모순적인 기적을 기대하며 세상을 원망하고 온갖 부정적인 생각을 가지고 살게 되었습니다.

이런 생활을 반복하면서 1, 2학년을 보내고, 2011년 수능이 끝나자 정말 이대로는 안 되겠다는 생각이 든 저는 겨울방학동안의 계획표를 짜고, 무작정 새벽기도를 다니기 시작했습니다. 그러나 겨울방학 동안에 계획했던 것들을 하루하루 미루기 시작하더니, 새벽기도도 귀찮아져 나가지 않고 다시 공부하지 않고 친구들과 놀기 시작했습니다.

위대한 만남

이렇게 겨울방학을 보내는 동안 2박3일의 목양수련회에 가게 되었습니다. 정말 발에 불똥이 떨어져서 그런지 '이번엔 꼭 주님을 만나고, 변화되어야지!' 라는 생각을 가지고 수련회에 참여하게 되었는데, 감림산기도원에 도착 하자마자

'Hi, Global leader!'라고 스탭분들이 인사하며 맞아주셨습니다.

교회에서 예배 전에 항상 서로 옆 사람을 향해 했던 말이지만, 막상 다른 사람에게 그렇게 들으니 매우 새로웠고 왠지 정말 세계적인 리더가 될 수 있을 것 같은 느낌도 들었습니다. 그리고 대성전에 들어가 말씀을 듣고 주여 일천 번을 시도하게 되었습니다.

처음에는 하나님께서 나를 붙들어 주시면 좋겠다는 가벼운 마음으로 시작했지만, 곧 간절히 하라는 목사님의 말씀에 정말 온 힘을 다해 주여를 치며 손으로 가슴을 쳤습니다.

그러자 그 손으로 쳤던 가슴부위부터 온몸이 뜨겁게 달아올랐고, 얼굴에서는 눈물, 콧물 범벅이 되어 울었습니다. 그런데 이런 신기한 경험은 전초전이었을 뿐이었습니다. 마지막 저녁시간, 모든 죄를 고백해야 성령의 기름부으심을 받을 수 있다는 목사님의 설교 말씀을 듣고, 그동안 수련회에 가서도 고백하지 못 했던 죄를 입술을 통해

모두 고백하였습니다. 그 순간 저는 다리에 힘이 풀렸고 주저앉아 하나님을 아빠라 부르며 하염없이 갓난아기처럼 서럽게 울었습니다. 그 때 힘이 풀린 저의 몸에 이상한 통증도 찾아왔습니다. 오른쪽 갈비뼈 안쪽이 너무 아픈 것입니다.

탁월한 인생!! 목양!!

몇 년간 다녔던 수련회에도 없었던 경험들을 하게 되니, 하나님이 계신다는 것에 대해 다시는 의심하지 않게 되었고, 수련회를 통해 변화될 수 있었습니다. 매일 아침 성경읽기에 힘쓰며 잠언을 10절씩 영어로 공책에 옮겨 쓰기 시작했습니다. 동시에 웃음도 많아졌고, 긍정적으로 생각하려고 노력하면서 미워했던 선생님께도 진심을 다해 좋아하고, 존경하려고 애쓰는 학생의 모습이 되었습니다.

전에는 제 멋대로 행동하느라 사소한 것으로도 자주 부딪혔던 친구에게 부정적인 말을 들어도 융통성 있고, 재치 있게 넘어가려고 하는 모습으로 변화되었습니다. 뿐만 아니라, 매주 토요일에 있는 중.고등부 중보 기도회에 참석하며 주일에 있는 중.고등부 예배는 물론이거니와 대예배와 오후 찬양예배에도 즐거운 마음으로 전심을 다해 참석하고, 목사님의 설교말씀에 아멘으로 화답하게 되었습니다. 하나님께 찬양 올려드리는 데에 있어 부끄러움이 없어지고, 담대하게 되었고, 친구들에게도 '교회갈래?' 이렇게 묻곤 하게 되었습니다.

변화되어 간증한 다른 사람들에 비하면 한 없이 작은 전도이지만, 예전에는 교회가자는 말조차 꺼내기 힘들어하고 싫어했던 저로써는 제 변화가 신기했습니다.

그리고 10년 넘게 같이 다닌 친구가 있는 데, 그 친구를 아직까지 전도하지 못한 것이 너무 저에게 화가 나기도 하고 안타까웠습니다.

그래서 이제 이 친구를 위해서 자신의 끼를 세상이 아닌 하나님께 드렸으면 하는 마음을 가지고 기도하고 있습니다.

공부의 기름 부으심

또한 체대를 가려고 해서 수학을 아예 포기하려던 제가 마음을 다 잡고, 다시 수학도 공부하기 시작하였고, 매일 영어로 잠언을 쓰다 보니 지금은 영어도, 수학도 공부하는 것이 즐겁고 재미있어졌습니다.

삶의 목적을 잃고 이리저리 방황하고 삶을 포기하려 했던 예전 모습은 싹 사라지고, 목양을 위해 힘쓰고 노력하는 모습이 되었습니다.

이러한 삶의 기쁨과 행복을 더해주신 하나님께 너무 감사드립니다.

그리고 제가 3학년 생활하는 동안 목양을 실천하고 성적도 오름으로 인해 제 주변 친구들도 모두 주님께 나아올 수 있기를 기도합니다.

요셉 소녀!! 꿈을 들어 올리다

앞으로 저의 비전은 의무트레이너가 되는 것입니다. 선수들에게 선한 영향력을 끼치며 많은 선수들에게 하나님을 전도하고, 그 선수를 위해 기도하며 제 자신을 드러내기 보다는 낮아짐으로 선수들을 섬기고, 그 선수들이 하나님께 나와 자신의 경기모습으로 하나님께 영광 돌리는 모습을 보기 원합니다.

다른 사람을 섬기는 것을 기쁨으로 삼아 항상 목양을 실천하는 데 있어 흔들리지 않도록 기도해주세요.

나는 세계적인 리더다!!!
세.계.정.복. 목.양.제.자.

내게 능력 주시는 자 안에서
할 수 있어요

공부1등 성품1등

주님 손바닥에 새긴 내 이름

신 연 정

야곱아 너를 창조하신 여호와께서
지금 말씀하시느니라
이스라엘아 너를 지으신 이가 말씀하시느니라
너는 두려워하지 말라 내가 너를 구속하였고
내가 너를 지명하여 불렀나니 너는 내 것이라

이사야 43:1

엄마 보고 싶어!!

저는 다른 아이들과 다름없이 엄마, 아빠의 사랑안에서 태어났고 또 다른 아이들과 다름없는 어린 시절을 보냈습니다. 그런데 5살 때 엄마 아빠가 이혼하면서 저는 큰엄마댁으로 가게 됐습니다.

큰엄마댁에서 지내면서 친척언니를 따라 교회를 나갔고 저는 교회를 좋아하는 주일학교 학생으로 커갔습니다.

그러던 중 아빠가 어떤 여자분을 데려오셨습니다. 이제 엄마가 될 꺼라 했고 어렸던 서는 엄마가 생겼다는 기쁨에 처음 본 여자를 엄마라 부르며 따랐습니다. 그러나 몇 달 살지 못하고 아빠는 그 여자와 헤어지게 됐고 또 다시 저는 큰엄마댁으로 갔습니다. 그렇게 두 번에 상처를 안았지만 교회에서 즐거움을 찾고 교회에서 상처를 잊으며 지냈습니다. 초등학교 4학년 때 아빠가 또 여자분을 데려오셨습니다. 상처가 있던 저는 경계했지만 그 여자분과 친하게 지내면서 마음을 열게 됐고 곧 아빠는 2번째 결혼을 했습니다.

새엄마의 매질은 심해지고

처음에는 엄마라고 부르지 못했지만 교회를 반대하는 아빠 몰래 교회에 보내주고 또 동생과 저에게 잘해주는 그 분께 엄마라고 부르며 만족하는 삶을 살았습니다.

그러나 시간이 흐를수록 조금씩 저희에게 공부를 강요하고 더 나아가서는 교회에도 나가지 못하게 했습니다. 저는 주일아침이면 혼자 방에서 찬양을 부르면서 예배를 드렸고 새엄마는 그것도 용납하지 않았습니다. 그게 너무 싫었던 저는 새엄마에게 반항심을 표현했고 또 다시 마음을 닫았습니다. 그때부터 새엄마와 우리의 사이는 멀어져갔습니다.

공부에 욕심내는 새엄마 그리고 그 욕심을 채우지 못하는 동생과 저였습니다. 새엄마는 어린 동생을 때렸고 그 매질을 항상 관심이라는 말로 합리화 시켰습니다. 그렇게 새엄마의 매질은 날이 갈수록 심해졌고 6학년이 됐을 때는 이미 학대수준까지 이르렀습니다. 동생은 하루도 웃고있는 날이 없었고 저 또한 힘든 생활을 보내야만 했습니다. 그때는 이미 힘들고 지쳐 주님과 잡았던 손을 놓고 있었습니다.

중학교에 올라가고 저는 새엄마의 욕심을 채우기에 바빠서 너무 지쳤습니다. 새벽이 넘는 시간까지 학교와 학원에서 울며 보내다 집으로 가면 맞고 있는 동생을 보며 또 울었습니다. 아빠는 장기출장을 다니셨기 때문에 힘없던 동생과 저는 아빠 앞에서는 새엄마와 좋은 사이인척 연기해야했습니다. 저는 갈수록 하나님을 원망하고 아빠를 원망하고 집을 증오했습니다.

거짓 자유, 깊은 함정

버티지 못 한 저는 어린동생을 두고 집을 나왔습니다.

가출하고 갈 때가 없어 배회하던 중 학생이라고 볼 수 없는 친구와 선배를 만났습니다. 저는 자유로운 그들을 보며 부러웠습니다. 결국 집으로 돌아가 내 손으로 내짐을 싸서 집에서 완전히 나오게 되었고 집으로는 죽어도 가기 싫어하는 저를 보고 큰엄마는 다시 저를 받아 주셨습니다. 큰엄마댁으로 들어갔지만 제 마음은 이미 헝크러져 있었습니다, 방학 때는 새벽에 놀고 낮에는 자고 그렇게 밤낮이 바뀐 생활을 했습니다. 그렇게 지내다 보니 개학하고서 학교에 갈수가 없

있습니다. 저는 그래서 결석과 지각을 밥 먹듯이 했고 어쩌다 제대로
학교에 가는 날은 버티지 못하고 다시 밖으로 나왔습니다.

  2학년이 되어서는 모텔을 돌아다니며 술을 먹기도 하고 또 후배들
을 괴롭히고 때리기도 하면서 그게 즐거움인줄 알았습니다.
  담배를 피면서 안피는 친구들이나 끊으려는 친구들에게도 권유하
며 함께 막차가 끊기기 직전까지 놀고 아니면 밤새도록 놀았습니다.
  그런데 그날만큼은 왠지 집에 일찍 가고 싶어 집으로 갔습니다.
  가는 길에 동생을 만났는데 많이 야위었고 역시 힘없는 표정이었습
니다. 동생은 매일 학대하는 엄마가 무서워 집을 들어가지 못하고 있
었던 것이었습니다. 저는 동생을 큰엄마집으로 데려갔습니다. 동생
은 엄마가 큰엄마집에 가면 불지를 거라고 했다면서 벌벌는 동생을
안심시키며 씻기는데 동생의 몸은 멍이 안든데가 없었습니다. 저는
그런 동생을 보며 울었고 또 새엄마가 밥을 안줬다면서 너무 맛있게
밥을 먹는 동생을 보면서 울었습니다.

  그렇게 동생과 며칠을 큰엄마네서 지냈지만 결국 매일 찾아오는 아
빠 때문에 어쩔 수없이 다시 집으로 돌아가게 됐습니다. 그 일로 새
엄마는 울면서 우리에게 용서를 구했고 우리는 망설이다 그 용서를
받아줬습니다. 그렇지만 제 마음은 절대 용서할 수 없었습니다.
  그래도 저는 다시 잘 해보고자 했고 그렇게 일주일쯤이 지났습니다.

멀리 멀리 갔더니

  친구들과 놀고 있었는데 아빠에게 갑자기 연락이 와서 저를 집으로

데려가셨고 아빠가 하신 말씀이 우리 가족이 또 다시 떨어져 살아야 한다는 것이었습니다. 아빠 사업에 문제가 생겨 아빠는 지방으로 내려가야된다고 했습니다. 그래서 또 다시 저는 큰엄마댁으로 오게 됐습니다.

며칠이 지나자 학교 근처로 아빠를 찾는 사람이 찾아왔고 집으로 돌아가면 또 아빠를 찾는 사람과의 전화에 시달렸습니다. 소설에서만 보던 일이 저한테 일어났습니다. 저는 더 방황할 수밖에 없었고 아빠가 남기고 간 우리집에서 매일 친구들과 평소 친했던 오빠들을 불러 술판을 벌이며 보냈습니다. 정말 하루도 빠지지 않고 매일 술을 마셨고 학교와는 점점 멀어져갔습니다.

그렇게 저는 끝없이 타락하고 방황했습니다.

큰엄마와 큰아빠는 그런 저를 보며 마음 아파했지만 저는 알면서도 모른척했고 또 술 먹고 놀다가 금방 잊어버렸습니다. 어릴 때 처음으로 교회에 가게해준 친척언니는 저를 어떻게든 다시 교회에 데려가려 했지만 저는 언니를 무시했습니다. 교회에서 행사가 있을 때나 어디 놀러갈 때라도 저를 데려가려했고 저는 그럴 때 가끔씩 교회에 갔습니다. 그렇지만 역시 교회에 꾸준히 가지는 못했고 세상과 어울리며 지냈습니다. 이 학년이 끝날 무렵에는 이미 성적도 바닥이고 선생님들에게 저의 이미지도 바닥이였습니다.

주님!! 내가 여기 있어요

그러던 어느 날, 언니가 부흥회가 있다고 교회에 오라고해서 저는 부흥회 3일중에 이틀을 참석했습니다. 그때는 부흥회 강사목사님의 말씀이 너무 재밌어서 재미있게 들었지만 제 마음이 이미 교회와 멀어져 있었기 때문에 은혜를 받지는 못했습니다. 그래도 그때부터 다시 교회에 관심을 갖기 시작했습니다.

학생수련회가 있다고 해서 언니와 목사님 때문에 저는 어쩔 수 없이 가게 됐습니다. 갈 때 찬양도 절대 부르지 않을 것이고 반항하는 모습을 보여줘야겠다는 생각으로 갔습니다. 개회예배 찬양시간이었습니다. 아직 어떤 기도도 하지 않았고 어떤 말씀도 듣지 않았는데 찬양에 맞춰 춤추고 있는 스태프를 보면서 저도 모르게 벌떡 일어나 따라 춤을 추고 있는 것이었습니다. 제 주변에 있던 사람들도 함께 춤을 췄습니다. 신나고 너무 재밌었습니다. 담배냄새로 가득한 노래방에서 노래할 때와 다른 기분이었고 새로웠습니다.

이것이 목양제자 수련회와 저의 첫 만남입니다.

말씀을 들을 때 마다 은혜가 되어 기도시간마다 저절로 기도가 나왔습니다. 또 주여 천 번을 외치고 한 시간 기도하는 시간에 태어나서 처음으로 주여 천 번을 외쳐봤고 또 주님의 이름을 외치면서 눈물을 흘렸습니다. 방황하며 보냈던 지난 이년간의 세월이 눈앞에 보이면서 후회와 회개의 눈물이 흘렀고 이제는 그러지 않으리라 다짐하며 기도하고 또 기도했습니다. 눈물로 기도하던중 하나님이 친구의 이름을 마음에 들려주시면서 전도하라고 하셨습니다. 최은미라고 앞으로 세계적인 CCM가수가 될 친구니까 잘 기억해주세요.

또 목사님이 하나님의 자녀인 우리는 열등감이 없어야 하고 하나님의 자녀라는 자존감이 있어야 한다는 말씀을 듣고 그렇게 기도했습니다. 수련회를 가기 전에는 열등감이 정말 많은 아이였습니다. 열등감에 자살 시도도 해보고 열등감에 더 방황하던 아이였는데 수련회에 다녀와서 저에게 자존감이라는 것이 생겼습니다.

우울했던 모든 것이 풀리고 마음이 편안해졌습니다. 정말 기뻤습니다.

주님!! 함께 가시죠

저는 수련회를 마치고 돌아와서 될 수 있는 한 매일 새벽예배에 나갔습니다. 처음에는 기도하는 시간보다 자는 시간이 더 많았지만 조금씩 새벽예배에 적응되면서 기도할 수 있게 됐고 새벽은 하나님과 만나는 시간이 되었습니다.

새벽예배에 가서 매일같이 목사님의 안수기도를 받았습니다.

그리고 그 은미라는 친구에게 매일같이 교회애기와 수련회 때 애기를 했습니다. 은미가 처음에는 듣기 싫다고 하면서도 궁금한 것들을 물어보기도 했습니다. 며칠을 기도하며 은미를 전도하기 위해 노력했습니다. 저는 은미에게 교회 나오라는 말을 한 적이 없었는데 은미가 "나도 교회에 갈래! 네가 그렇게 말하는 교회에 나가보고 싶다"고 했습니다. 저는 그때 정말 기뻐서 하나님께 감사하고 은미에게 고마웠습니다. 그렇게 처음 전도의 기쁨을 느끼게 되면서 그 뒤로 전도하기 위해 노력했습니다. 하지만 생각보다 쉽지는 않았습니다.

학교와 교회가 너무 멀었기 때문에 친구들에게 부담이 되는 거리였고 또 제 친구들은 세상과 어울리기에 바빴습니다. 제가 다 그렇게 만들어놓은 것이기에 더 마음이 아파 기도밖에는 할 수 있는 것이 없었습니다. 그런 친구들에게 변화된 모습을 보여주고자 술과 담배를 끊으려 다짐을 하면서 술은 어렵지 않게 끊었지만 담배를 끊기는 쉽지 않았습니다. 예전부터 어울리던 제 친구한테는 항상 담배가 있었고 언제든지 원하면 바로 필 수 있는 상황이었기 때문에 담배 피는 친구들과 어울리지 않았고 또 PC방에 가면 담배냄새 때문에 더 힘들어서 예전에는 거의 집과 같았던 PC방에도 가지 않았습니다.

예배 속에 다 있다

전도하는 것도 뜻대로 되지 않고 기도하는 것들도 바로 응답을 받지 못해 저는 점점 지쳐가며 믿음이 떨어지는 것을 느꼈습니다.

그럴 때 마다 사모님은 좋은 말씀으로 저를 붙잡아주셨지만 그것도 잠시였습니다. 학교에 다니며 이년동안 놓았던 공부를 다시 하려니 지치고 또 기도한 만큼 성적은 되지 않아 실망감에 신앙생활이 힘들어져갔습니다. 그래도 저는 은미에게 열심히 하는 모습을 보여줘야 했기 때문에 다시 열심히 노력했습니다. 떨어지는 믿음을 다시 채우고자 나가지 않았던 수요예배와 금요예배를 다시 나갔습니다.

금요 철야예배를 하며 기도할 때 목사님이 기도제목으로 우리 학생회를 위해 기도하기를 요청하셨습니다. 저는 그때 마음의 감동이 있었습니다. 방학 하고나서는 새벽예배에도 거의 매일 나갔습니다.

맨 앞자리에서 기도하고 있는데 목사님이 저를 위해 기도하는 소리가 들렸습니다. 저는 그때 너무 감동을 받았고 또 더 열심히 해서 목사님을 기쁘게 해드려야겠다는 생각이 들었습니다. 그때는 목사님과 사모님께 감사하는 마음에 기쁘게 해드리고 싶어 열심히 했습니다.

여름성경학교를 준비하는 기간 중에도 사모님과 목사님이 기뻐하실 것을 생각하면서 정말 열심히 했습니다. 여름성경학교 기간에 레

크레이션을 진행하려고 교회 마이크를 들었는데 마이크에서 전기가 통하는것이었습니다. 저는 깜짝 놀라 마이크를 놓칠 뻔했고 주일학교 아이 중에 한명이 "우리교회 마이크는 왜이러냐?"고 저에게 물었습니다. 학생회 찬양단에 싱어들이 전기가 통한다고 몇 번 말하기는 했지만 저는 신경 쓴 적이 없었기 때문에 놀랐고 그때부터 마이크를 바꿔달라고 기도했습니다.

추석연휴에 비가 많이 왔는데 그때 저희교회에 물이 들어와서 컴퓨터와 마이크 등이 다 고장 나는 통에 제가 기도하던 마이크를 바꾸게 됐습니다. 정말 기도했던 것들이 이루어지자 너무 신기했고 더 기도하게 됐습니다.

공부의 목적 전도로..

그렇지만 개학하고 학교에 가서 다시 공부에 지쳐 너무 힘들었습니다. 주일예배를 지키기도 벅찼던 저는 수요예배와 금요예배는 당연스레 빠졌습니다. 그때 목사님이 저한테 성경을 읽어야 은혜를 유지할 수 있다고 하셨습니다.

힘든 시험기간 중에 성경을 읽는데 그때 우연히 펼친 곳에 너무 좋은 말씀이 있었습니다. "두려워하지 말라. 내가 너와 함께하리라. 놀라지 말라. 나는 네 하나님이 됨이라. 내가 너를 굳세게 하리라. 참으로 너를 도와주리라. 참으로 나의 의로운 오른손으로 너를 붙들리라"는 말씀을 보았습니다.

내신이 바닥이라서 가고 싶은 고등학교에 붙지 못할까봐 너무 걱정하던 저는 이 말씀을 믿으며 다시 공부의 목적을 전도로 바로 잡고 공부했습니다. 그리하여 저는 평균 30점과 40점을 오가는 점수에서

80점까지 오르게 됐습니다. 한문은 9점에서 92점까지 올랐습니다.

이 모든 것은 저의 노력 때문이 아닙니다.

하나님의 능력이시고 또 저를 끊임없이 격려해주시던 사모님과 기도로 힘을 주시던 목사님이 있었기 때문에 가능했습니다.

날마다 죽노라

한번은 학생회에서 다툼이 있었습니다. 그때 이제 학생회 활동을 하지 않겠다는 사람도 있었고 저는 실망과 화 때문에 많이 울었습니다.

울고 있는 저희들에게 사모님이 오셨습니다. 사모님이 말씀하시기를 "이건 너희의 성장하는 모습을 보고 사탄이 시험을 주는 거다. 이 시험을 이기고 나면 정말 큰 부흥이 우리 학생회에게 일어날 거다"라고 하셨습니다. 또 이런 시험이 없으면 우리가 교만해졌을지 모른다며 겸손할 수 있는 기회로 생각하라고 하셨습니다.

너무 감사함과 감동의 눈물이 나왔습니다.

그때부터 학생회 회복을 위해 기도했습니다.

역시 하나님은 저희의 기도를 들으셨습니다. 학생회 모두가 돌아왔고 다시 성령 충만한 은혜 가운데 특별새벽예배와 토요일마다 모여 기도회로 겨울수련회를 준비했습니다. 이번 겨울수련회는 제가 다녔던 수련회중 가장 많은 은혜가 있었던 수련회로 기억됩니다.

삶의 목적을 목양으로 다시 한 번 결단할 수 있었고 이 나라와 우리 교회를 위해 목숨 걸고 기도하며 전도하겠다는 도전을 안고 돌아왔습니다.

또 고등학교에 올라가서는 전교1등 하겠다는 꿈을 품었습니다.

수련회를 마치고 돌아와서 저는 금식하며 아직 교회에 나오지 않으시던 할아버지와 큰엄마 큰아빠를 위해 기도하고 아직 꿈이 없던 저에게 꿈을 보여 달라고 기도했습니다. 금식하고 이틀이 되던 밤 너무 배가 고프고 먹고 싶은 게 많아서 잠이 안 왔습니다. 그래도 우리 가족을 위해 내 미래를 위해 버텼습니다. 참으면서 마음에 든 생각이 내가 이렇게 기도하는데도 큰엄마 큰아빠 그리고 할아버지가 교회에 안 나오면 어떡하지? 그리고 내가 하고 싶지 않은 꿈을 내 미래로 보여주시면 어떡하지? 하는 걱정이 들었습니다.

그 걱정은 3일째가 되도 사라지지 않은 상태에서 금식이 끝났습니다. 목사님은 금식 후 보호식을 하면서 응답받는 경우가 많다고 하셨고 저는 믿음으로 보호식을 했습니다. 그런데 보호식이 끝날 때 까지도 응답이 없었습니다.

처음으로 제대로 해본 금식이기에 많은 기대를 했는데 너무 실망스러웠고 하나님께 서운했습니다. 목사님은 이런 제 마음을 아셨는지 아직 네 마음에 준비가 안 되서 하나님이 큰 꿈을 보여주시려고 안보여 주시는 것일 수도 있다면서 일단 너는 씨를 뿌린 것이니 기다리라고 하셨습니다. 저는 그 말씀을 믿고 40일 작정 새벽예배에 나가며 열심히 기도했습니다.

금식과 상한 감정 치유

저는 어릴 때 새엄마가 동생을 학대하는 것을 보고 자란 것이 큰 상처였습니다. 그래서 가끔 그런 악몽을 꾸기도 하는데 철야예배가 늦게 끝나 집에 두시쯤 온 날이었습니다. 3시가 넘어 잠에 들었는데 동생이 울면서 엄마한테 맞고 있고 저는 힘없이 보고만 있는 꿈을 꿨습니다. 꿈에서 깨자 심장이 빠르게 뛰고 있었고 식은땀이 흐르고 있었습니다. 꿈에서 깨고서도 한참을 무서움에 떨었습니다. 기도가 나왔습니다. 아니 원망이 나왔습니다. 하나님 왜 나한테 이러시는 거냐며 원망을 하면서도 이제는 주님만 믿고 열심히 전도하며 살 테니 제발 이런 꿈 그만 꾸게 해 달라고 부탁했습니다.

너무 힘들다며 울었습니다. 결국 그날 6시까지 잠을 자지 못했습니다. 아침에 다돼서야 잠들었고 깨고 나서도 그 꿈 생각에 너무 힘들었습니다. 다음날도 힘들었고 그 다음날도 그 꿈이 떠올라 계속 눈물이 차올랐습니다.

새벽에 기도할 때에 너무 힘들다고 정말 힘들다고 하나님이 고쳐달라고 기도했습니다. 내가 이렇게 힘든데 동생은 어떻겠냐면서 동생도 고쳐달라고 주님이 우리 마음을 만져달라고 기도했습니다. 그때 하나님의 음성을 들었습니다. "내가 너를 치료하였다"는 하나님의 말씀이었습니다. 저를 다 고쳤다는 하나님의 음성에 감사하여 펑펑 울면서 기도하고 있는데 그때 은미의 기도소리가 들렸습니다. 저를 위해 기도하고 있었습니다. 마음이 뜨거워졌고 하나님이 나에게 주신 게 너무 많다는 생각이 들었습니다. 그리고 이제는 정말 주님 뜻대로만 살리라 다짐했습니다. 정말 주님께 순종하며 주님 말씀하신대로 가겠다고 기도했습니다. 제가 그렇게 결단했더니 하나님이 그때 제 금식기도에 응답하셨습니다.

목양의 기름부으심을 받고

설 연휴동안 목사님 말씀대로 복음을 전하기 위해 정말 열심히 어른들을 도와 일했습니다. 그때 큰엄마, 큰아빠가 올해는 연정이가 일을 너무 열심히 도와주는데 왠 일이냐? 하셨고 저는 지금이 기회다 싶어 목사님이 이렇게 하라고 하셨다고 말씀드렸더니 큰아빠가 바로 연정이가 너무 잘해서 교회에 가봐야겠다고 하시더니 진짜 교회에 오셔서 할아버지랑 큰엄마까지 함께 데려오겠다고 약속하시며 목사님께 너무 감사하다고까지 했습니다.

저는 눈물이 나오고 마음도 뜨거워졌습니다. 새벽에 기도하는데 하나님이 또 말씀하셨습니다.

제가 이렇게 변화되고 도전 받은 것과 은혜 받은 것을 다른 사람에게도 전하고 함께 나누라는 것 이었습니다. 그리고 지난 날 결단한 전도에 힘쓰라는 음성을 들었습니다. 그리고 그때 내가 그렇게 힘들었던 삶도 나중에 간증하게 하시려고 하나님이 계획하신 것임을 깨닫게 되어 진심으로 감사했습니다. 그래서 제 꿈을 간증사역자로 정했고 평생 전도하며 살기로 결정했습니다. 이렇게 모든 것을 내려놓고 주님께 맡겼더니 하나님은 바로 응답하셨습니다.
완전히 믿지 못하고 순종하지 못했던 저를 사랑하시고 인도해 주시는 하나님께 회개하며 또 감사하는 마음이 들었습니다.

저는 그때부터 간증사역자로 다른 사람들에게 은혜의 통로가 되고 도전을 주는 것이 꿈이 되었습니다. 그리고 지금 하나님 말씀처럼 전도에 힘쓰고 있습니다. 제가 기도하면서 책임지고 주일학교와 학생회를 부흥시키겠다고 약속했고 그 약속을 지키기 위해 초등학교로 전도를 나갔습니다. 초등학교로 전도 나간 날이 친구들과 예전부터 약속되어 있던 날인데 마침 그 날이 전도 나가려는 초등학교 개학이여서 저는 전도하기 위해 친구들과 모임에 가지 않았습니다. 좋지 않게 생각하는 친구도 있었지만 그 친구 중에 한명이 열심히 하는 모습이 너무 보기 좋다면서 나도 너희 교회에 가고 싶다고 했습니다.

그 친구는 제가 1년 동안 기도한 친구입니다. 저는 정말 기뻤고 더 힘을 얻었습니다.

전도하기 위해 저희교회 친구와 같이 떡꼬치를 만들었습니다. 아무래도 그냥 가면 아이들이 관심 갖지 않을 거 같았기 때문이었습니다. 새벽예배가 끝나고 집으로 와서 바쁘게 떡을 튀기고 양념을 만들었습니다. 떡을 튀기면서 기름이 계속 튀기에 무서웠지만 전도해야 된다는 생각하나로 참았습니다.

기름이 손으로만 계속 튀었는데 갑자기 기름이 크게 튀면서 제 목으로 튀었습니다. 정말 눈물이 날만큼 뜨겁고 아팠지만 왕산초등학교가 끝나는 시간에 맞춰야했기에 물을 묻히거나 보는데 신경 쓸 겨를도 없이 떡꼬치를 만들어 전도를 나갔습니다.

전도하면서 쓰라린 목이 신경 쓰였지만 아이들에게 평강교회를 좋은 인상으로 남겨주고 싶어 웃는 얼굴로 전도를 마쳤습니다.

그 날 집으로 돌아와 너무 아파서 들여다보니까 빨갛게 화상자국이 있었습니다. 여자로서 보이는 상처가 남은 게 속상했지만 전도를 괜히 나갔나? 라는 그런 후회는 안했습니다. 그냥 첫 노방전도를 다녀온 흔적으로 생각하기로 했습니다.

전도왕 무디소녀

또 초등학교에서 전도하면서 기도하던 학년에 아이들이 나오는 기간이 됐습니다. 저는 기뻐서 전도를 쉴 수가 없었습니다. 졸업반이라 오전수업만 했기 때문에 은미랑 저는 학교가 끝나고 바로 집으로 와서 전도하기위해 식빵을 튀겼습니다. 식빵러스크를 만들어 상가에 돌리기로 했습니다. 기름이 무서웠지만 그래도 전도해야겠단 생각으로 튀겼습니다.

그 날 전도하는데 은미가 나도 해보겠다고 하면서 어떤 상가에 들어갔습니다. 그런데 그 상가주인이 너무 무섭게 저희를 거부하셨습니다. 은미는 태어나서 난생 처음해본 노방전도이기에 놀랐고 상처 받았을 것인데도 제가 다른 곳에 가서 해보라고 했더니 은미는 바로 다시 도전해 보겠다했고 두 번째에 간곳에서 만난사람은 교회에 나가보겠다며 교회 위치를 자세히 물으셨습니다.

그곳에서 나와 은미랑 저랑 같이 하는말이 하나님이 이곳에 보내시려고 처음 그 사람이 우릴 거부한 것 같다고 생각하며 그 날도 정말 재미있게 전도를 마쳤습니다. 저희는 또 전도하고 싶었지만 시간적인 여유가 없었습니다. 그래서 생각해낸 방법이 다음날 학교에 늦게 등교하는 날이었는데 새벽예배를 드리고 전도하러 나가 아침에 전도하고 학교에 가는 방법 이었습니다. 은미는 이 생각을 말하자 아무 반대도 안하고 그러자고 했습니다. 제가 전도하고 싶을 때마다 함께 전도할 수 있는 사람을 보내주신 하나님께 정말 감사합니다.

새벽예배를 드리고 교회 식당으로 갔습니다. 우리가 만든 식빵튀김과 꿀차를 들고 어제 전도했던 곳으로 나갔습니다. 아침이라 너무 추웠지만 저희는 웃으면서 전도했습니다. 억지로 웃는 것 이아니라 정말 웃음이 나왔고 전도할 때가 가장 행복 하다는 걸 느꼈습니다.

처음에는 전도가 힘들었지만 믿음으로 모든 것을 주님께 맡기고 기도로 전도했더니 정말 전도가 쉬웠습니다.

공부도 전도와 같았습니다. 제 욕심으로 할 때는 정말 힘들고 너무 지쳤지만 전도하는 목적으로 공부했더니 놀랍게 성적이 올랐습니다.

주님 손바닥의 새긴 내 이름

저는 주님이 타락하고 세상에 빠졌던 제 손을 놓았다고 생각했습니다. 그런데 주님은 제 손이 아닌 어깨를 잡아주고 계셨습니다. 정말 쓰러지려할 때 저를 일으켜 세워주셨습니다.

제가 이 자리에 오기까지는 많은 사람들의 기도가 있었습니다. 이제는 그 분들의 기도에 감사하며 보답하는 마음으로 더욱 기도하고 열심히 전도하여 책임지고 저희교회 주일학교와 학생회를 부흥시킬 것입니다.

저는 목사님과 사모님께 배운 것이 정말 많습니다.

여러분들도 목사님 사모님을 진심으로 사모하는 마음으로 섬기시면서 신앙생활 하시기를 바랍니다.

그리고 끝으로 하나님은 정말 능치 못함이 없으십니다.
그리고 우리의 치료자이십니다. 모든 아픔과 상처를 하나님 안에서 치유하면서 주님의 놀라운 능력을 경험하기시를 소망합니다.
감사합니다.

5대 관계회복 지침서

엄마, 아빠
나도 1%의
세계적인리더가
될 수 있어요

예꿈화완

관계회복 학습법

☞ 관계회복 속에 학습의 비밀
- ◉ 공부1등, 성품1등 글로벌리더가 될 수 있다.
- ◉ 막힌 곳을 뚫어라.

첫 번째, 하나님과 관계회복
- ◉ 하나님의 형상대로 존귀하게 만드셨네.
- ◉ 하나님의 주권, 선악과 먹으면 안 돼!
- ◉ 인간의 범죄와 타락으로 인한 저주, 끔찍해
- ◉ 사단을 아비로 섬기는 인간에게 임한 형벌
- ◉ 구세주 예수님, 십자가 사랑 크셔라.
- ◉ 관계회복은 하나님과 목적이 일치 되야
- ◉ 솔로몬, 베드로, 목양만난 청소년

두 번째, 자신과의 관계회복
- ◉ 내 자신이 세계적인 리더임을 알라.
- ◉ 나는 원래 공부 잘하도록 만들어졌다.
- ◉ 내 안에 잠자는 지성을 깨워라!!
- ◉ 행복하길 원하면 내 자신과 회복하라!

세 번째, 학교와 선생님과의 관계회복

⊙ "선생님 사랑해요! 선생님~힘내세요!!"

⊙ 싫어하는 과목 선생님을 사랑하라.

⊙ 명문학교, 명품학생 되는 길

⊙ 선생님은 나의 축복의 통로

⊙ 선생님!! 축복합니다.

⊙ 꼭 명심하세요!

⊙ 싫은 사람도 품어라.

네 번째, 부모님과의 관계회복

⊙ "부모님! 사랑합니다. 그리고 감사합니다."

⊙ 10대 때 부모님의 귀함을 깨닫자.

다섯 번째, 공부와의 회복

⊙ "공부야 사랑해♡ 널 좋아해~"

⊙ 공부는 내 인생의 최대의 축복

⊙ 10대 때 공부는 미래이다.

⊙ 공부1등 우선순위

⊙ 사랑하면 창조능력이 넘친다.

⊙ 사랑을 고백하라.

관계회복 학습법

누구든지 공부 1등, 성품1등하고 세계적인 리더가 되는 큰 비밀이 이 '관계회복 학습법' 속에 있습니다.

인간은 누구든지 관계 속에서 태어났고 태어남으로 관계가 주어지고 관계 속에서 살아가게 됩니다.

그리고 창조주가 세운 관계속에 질서를 따라 살면 원만한 관계가 형성되고 1등 인생이 되어 행복한 세계적인 리더로 살아 갈 수 있게 됩니다. 사실 우리 각자 삶은 관계로 시작해서 관계로 마칩니다.

내 자신과의 관계, 가족과의 관계, 친구와의 관계, 스승과의 관계, 내가 속해 있는 현장의 구성원들과의 관계, 고객과의 관계, 리더들과의 관계 등 수많은 관계를 형성하며 살아갑니다.

우리 몸도 신체의 각 부분들이 유기적 관계를 유지하면서 지탱하고 있습니다. 모든 기능적 기관이 유기적 관계를 원만하게 이룰 때 사람도 건강하게 살 수 있습니다.

우리는 막힌 곳에 가면 마음이 답답합니다.

혈관이 막히면 막힌 지점부터 혈액의 순환이 잘 안되고 마비증세가 와서 결국 생명에 큰 위협을 받게 됩니다. 우리가 걸을 때도 오른팔이 앞으로 가면 왼팔이 뒤로 가는 상호관계가 이루어져야 안정감있게 걸을 수 있습니다.

또한 우리 인간은 창조주와 온전한 관계를 이루어 나갈 때 우리 삶의 모든 것과 온전한 좋은 관계가 이루어지며 행복하고 성공하도록 창조주가 만들었습니다.

그래서 우리는 관계회복을 해야 합니다.

오늘 '관계회복 학습법'에서 회복해야 관계회복은 '내 자신과의 관계, 학교와 선생님과의 관계, 부모님과의 관계, 공부와의 관계'입니다.

어떤 사람은 하나는 좋은데 하나가 막혔고, 어떤 사람은 두 개는 좋은데 하나가 막혔습니다.

누구든지 오늘 네 가지 부분에 관계를 회복하기만 하면 공부 1등, 성품 1등하고 세계적인 리더가 될 수 있습니다.

막힌 곳을 뚫어라

그러므로 우리는 네 가지 관계를 살펴보면서 나는 어디서 막혀있는지 찾아내야 합니다.

나는 어디서 막혀서 공부가 잘되지 않는 것일까?

무엇이 막혀서 지금 이런 상태에 처해 있는가?

어느 부분에 관계가 뒤틀려 이런 고통이 있는가?

지금의 방황과 눌림은 어디가 막혀서 이런 것일까?

돈벌이가 안 되는 나는 어디가 막혔을까 진단하고 찾아내어 막힌 곳을 뚫어내고 관계를 회복시키면 모든 것이 열리게 됩니다.

좋은 관계를 맺는 사람은 사람이 끌려옵니다.

또 행복하고 즐겁고 몸도 건강하고 공부도 잘되고 좋은 사람이 많이 붙습니다. 네 가지 관계를 설명할 때 여러분 모두 각자의 상황을 조명하여 실상을 발견하고 모든 것이 회복되길 바랍니다.

이 다섯 가지의 관계가 회복되어야 공부도 행복하게 1등하고 성품도 날마다 바뀌어지면서 좋은 성품을 가지게 될 것입니다.

우리 모두는 삶의 모든 것들을 관계속에서 배워야 합니다.

가정에서 배우고, 선생님에게 배우고, 친구에게 배우고, 자연에서 배우고, 사회에서 배우고, 어떤 특수한 상황에서 배우게 되는데 이는 관계 속에서 이루어지는 것으로 관계가 막혀 있으면 성품이 발전하지를 못합니다. 관계가 막히면 모든 것들이 차단됩니다.

첫 번째, 하나님과 관계회복

하나님 형상대로 존귀하게 만드셨네

인간은 하나님이 너무나 아름답고 신비롭게 만들었습니다.

하나님의 형상대로 귀하게 만들었습니다(창1:28절)

물고기는 물에서 행복하게 만들었습니다. 나무는 흙 속에 생명의 기운이 있습니다. 인간은 하나님과 함께 살 때 행복하도록 만들어졌습니다.

아담과 하와를 만드시고 축복의 동산, 에덴동산을 주시고 행복하게 살도록 하였습니다.

하나님의 주권 선악과 먹으면 안돼

그러나 하나님은 주권을 인간이 인정하기를 원하여서 선악과를 만들어 놓았습니다.

에덴에 모든 것은 임으로 먹고 즐기되 선악과는 먹지 말라고 하였습니다. 먹는 날에는 정녕 죽으리라고 하였습니다.(창2:17)

아담과 하와는 결국 선악과를 먹게 되고 저주를 받게 됩니다.

인간의 욕심이 선악과를 먹게 됩니다. 어느 날 사단이 나타나 선악과를 먹으면 하나님처럼 된다고 하니 하와가 욕심이 들어가 먹게 됩니다.

그리고 아담에게도 주어 먹게 합니다. 인간의 최대 비극이 일어났습니다.

인간의 범죄와 타락으로 인한 저주 끔찍해

하나님과 하나가 되어 행복해야 될 피조물이 타락한 것입니다.

하나님과 관계가 파괴된 것입니다. 그 결과는 참으로 무서운 일이 벌어졌습니다.

하와는 저주를 받아 잉태하는 고통을 당하고 아담은 땀을 흘려야 먹을 수 있는 고통을 받게 되었습니다. 땅도 저주받고 뱀도 저주받아 배로 기어다니게 되었습니다(창3장)

사탄을 아비로 섬기는 인간에게 임한 형벌

하나님의 의도와 달리 인간은 하나님을 떠나 저주을 받고 사단의 종이 된 것입니다.

1. 그리하여 우상을 섬기고 마귀에게 이끌리어 진노의 자식으로 살아 갑니다.(엡2:2-3)
2. 정신적으로 육체적으로 시달리어 고통받고 살아 갑니다. (마11:28)
3. 결국 죽음을 맞이하고 지옥으로 갑니다. 그 자손들이 저주를 물러 받습니다. (출20:4-5)

인간은 이처럼 하나님과 관계가 무너지므로 고통과 비극이 찾아와서 살아가고 있습니다.

구세주 예수님 십자가 사랑 크셔라

하나님은 하나의 계획을 세웁니다. 하나님이 만든 인간을 구원하고자 하시는 계획입니다.

그리하여 하나님과 회복을 하시기를 원하시는 것입니다.

예수님이 바로 우리와 하나님과 회복을 위해 이 땅에 오신 것입니다.

내가 곧 길이요 진리요 생명이니 나로 말미암지 않고서는 아버지께로 올 자가 없느니라. (요14:6)
예수님은 십자가로 하나님과 인간의 막힌 담을 허무시고 화평하게 하셨습니다. (엡2:13-14)

그러므로 누구든지 예수님을 믿으면 구원을 받고 하나님과 화평하게 됩니다.

요1:12절에는 예수님을 믿으면 하나님의 자녀가 된다고 합니다.

자녀와 아버지의 관계는 완벽한 회복입니다. 그러나 한 가지 문제가 있습니다.

하나님이 나의 아버지가 되어서 회복이 되었다 하여도 아버지와 자녀가 마음이 통하지 않으면 진정한 하나는 아닙니다. 아무리 자식과 부모라도 말이 통하지 않고 마음이 통하지 않아서 괴로워하는 가정이 많습니다.

같은 마음, 같은 말, 같은 뜻을 부모와 자식이 품을 때 진정한 회복이 일어나는 것입니다.

많은 기독교인들이 구원받고 하나님 자녀가 되었지만 축복 속에 살지 못하는 이유는 바로 아버지와 통하지 않아서 그렇습니다. 하나님의 목적과 나의 목적이 다르기 때문입니다.

완벽한 회복은 하나님과 목적이 일치한다

삶의 목적을 발견하고 하나님과 목적이 일치해야 전도1등, 공부1등, 성품1등의 글로벌 리더가 됩니다.

구원받고 하나님을 만났지만 비전과 목적이 일치되지 않아서 고생하고 인생을 허무하게 보낸 사람들이 있습니다.

1. 솔로몬이 대표적인 사람입니다.

그는 아버지 다윗에 뒤을 이어서 왕이 된 사람입니다.

어린 나이에 왕이 되어서 겸손하게 잘 나라를 다스렸습니다.

하나님의 도움으로 나라는 왕성해지고 부강해져서 태평성대를 이루어 나갔습니다.

그러나 정작 본인은 행복하지를 못하였습니다.

할 일이 없어진 사람처럼 인생의 공허함에 빠졌습니다. 연예인이 최정상에 올라갈 때와 운동선수들이 더 이상 오를 목표가 없을 때 오는 허무함이 솔로몬에게 찾아왔습니다.

삶의 목적이 분명하지 않는 사람은 목표를 이룬 후가 더욱 불행해집니다.

우리 주위에 청소년들과 많은 사람들 대부분이 삶의 목적이 분명하지을 못합니다. 그래서 성공을 이루기 전에는 그 일에 집중하느라 인생에 허무를 모르지만 나중에 목표를 상실했을 때 허전함이 오는 것입니다.

솔로몬은 술로 온갖 쾌락으로 만족을 찾았지만 만족을 누리지는 못하고 살았습니다.

그가 늙어서 만난 것이 있습니다.

목적입니다. 하나님이 자기에게 준 목적을 만난 것입니다.

바로 전도자입니다. 자기를 왕으로 세운 것은 전도하라고 세운 것을 발견하고 인생이 변하기 시작했습니다. 참 만족이 찾아오고 모든 것이 회복되어서 후대들에게 전도서를 통하여 삶의 목적을 젊었을 때 발견하라고 충고합니다.

2. 베드로가 목적을 잃고 방황한 대표적인 사람입니다.

베드로는 어부로서 평생 살다가 주님께 부름을 받고 제자가 되었습니다. 3년 6개월 동안 주님을 따르면서 그는 목적을 상실하였습니다.

오직 명예와 욕심 때문에 주님을 따른 것입니다.

그 결과가 주님이 십자가 지실 때 나타났습니다. 모두가 다 주님을 버려도 자신은 주님을 버리지 않을 것이라고 장담하였습니다.

그러나 그는 제일 먼저 주님을 버리고 떠났습니다. 그리고 과거의 직업인 어부로 돌아가서 고기를 잡고 살았습니다.

그가 목적을 분명히 알았다면 주님을 떠나지 않았을 것입니다.

주님은 떠난 베드로를 부활 후 찾아갔습니다. 그리고 그에게 질문하기를 나를 사랑하느냐고 물었습니다. (요21:15-17)

세 번씩이나 물으니 베드로는 괴로워서 근심하였다고 합니다.

주님은 베드로에게 목적을 발견하게 하였습니다.

진정으로 주님을 사랑하고 하나님과 회복할려면 목양하라 내 어린양을 먹이라는 것입니다.

베드로는 목적을 발견하고 하나님과 회복되었습니다.

3. *많은 청소년과 성도들이 목적을 발견하고 하나님과 하나되어 회복되는 것을 보았습니다.*

인간에게 가장 중요한 것은 하나님의 자녀가 되는 것입니다.

예수님을 구원자로 믿으면 하나님은 나의 아버지가 되는 것입니다.

그리고 하나님과 친밀하게 하나되기 위해서는 그 분의 목적과 비전이 나의 목적과 비전이 되어야 합니다.

요15:1-7절에 그가 내 안에 내가 그 안에 있으면 무엇을 구하든지 다 이룬다는 엄청난 약속이 있습니다.

이것은 바로 그 분의 목적과 일치할 때를 말합니다.

공부1등, 전도1등, 성품1등의 비밀은 하나님의 목적을 나의 목적으로 품는 것입니다.

하나님의 목적은 전도하고 제자삼아 땅에 파송하여 땅을 정복하고 다스리는 것입니다.

이것은 창조의 축복이요 명령이요 예수님의 마지막 유언입니다.

이제부터 당신의 목적은 목양이 되어 전도하고 제자삼아야 합니다.

이것은 하나님의 간절한 소원입니다.

다섯가지 (하나님, 자신, 선생님, 부모님, 공부) 회복 중에 가장 중요한 것입니다.

두 번째, 자신과의 관계회복

가장 중요한 것은 자기 자신과의 관계입니다.

TV 아침마당 프로그램에 모 대학교 교수님이 출연하셔서 '돈이 뭐 길래' 라는 강의를 했습니다. 돈을 번다고 일을 하다가 너무 과로해서 쓰러졌습니다. 그래서 입원하게 되었고 병상에 누워 있다 보니 돈보다 귀한 것을 발견하게 되었습니다.

돈보다 더 귀한 것!

돈으로 못하는 일들이 더 많다는 것!!

돈으로 다 잘 할 줄 알았는데, 돈만 있으면 다 되는 줄 알았는데 그분이 제일 크게 깨달은 것은 자기 자신이 너무나 소중하다는 것이었습니다. 그래서 자기 자신에게 너무 미안하다고 했습니다.

몸을 혹사 시키면서까지 돈을 벌다가 갑자기 화장실에서 쓰러졌다고 합니다. 숨이 꽉 막히면서 정신이 혼미해지더니 의식을 잃은 것입니다. 119구급차에 실려 갔고, 다행히 8시간 만에 회복을 했는데 그때부터 자기 자신과의 회복에 대해서 고민을 많이 했다고 합니다.

그 전에는 자신은 돈벌이 하는 기계였고 자신을 돌아보는 시간이 없었다고 합니다. 여러분 정말 중요합니다.

나 자신과의 회복!! 나 자신과 대화를 나눌 줄 알아야 됩니다.

하며 자기 자신과의 대화와 자신과의 회복이 일어나야 하는데 공부하면서 자신의 뇌가 얼마나 고생을 했는지도 모른 채 자기 자신을 위로하지도 격려하지도 않습니다. 그냥 자신을 노예처럼 생각하고 자기 자신과의 회복을 할 줄 모르고 있습니다.

창조주도 우리에게 안식일을 주셨습니다. 6일 동안은 힘써 일하고 7일째 되는 날은 안식하라고 말씀하셨습니다. 창조주는 우리 인간을 가장 귀하게 여겨 이렇게 안식을 주신 것입니다. 따라서 창조주가 주신 원리따라 6일 동안 열정적으로 일한 후에 안식의 기쁨을 누려야 합니다. 이것이 창조주가 우리에게 주신 생활의 원리입니다. 안식하면서 일하는 원리에서 창조주가 우리 인간을 얼마나 사랑하는지 알 수 있습니다. 이같이 창조주께서 창조하신 내 자신은 귀하고 소중한 것입니다.

내 자신이 세계적인 리더임을 알라

여러분은 자기 자신과 좋은 관계, 자기 자신과 화목한 관계, 자기 자신과 친하게 지내고 사랑하며, 자신과 연애하고 자신을 아끼고, 내 자신을 존경하는 그런 관계가 회복되어야 합니다.

많은 청소년들이 자살을 합니다. 세계에서 자살률 1위가 우리나라입니다. 얼마나 자기 자신을 사랑하지 아니하고, 얼마나 자기 자신을 위로하지 아니하고 버렸으면 자살을 하겠습니까?

담배, 술도 1위입니다. 청소년들이 자기 자신을 얼마나 버렸으면 담배와 술을 못 끊고 자기 자신을 버리겠습니까?

얼마나 안타까운 일입니까? 내 자신을 사랑 안하는데 공부가 잘 되겠습니까? 내 자신을 사랑 안 하는데 공부하고 싶은 마음이 있겠습니까? 내 자신을 사랑할 때 모든 능력이 발휘되므로 먼저 자신이 얼마나 위대한 존재인지 발견해야 합니다.

창조주가 우리에게 세상을 맡길 때 이미 지식과 재능을 주셨습니다. 지식과 어떤 일을 잘하는 재능! 어떤 사람은 지식이 뛰어납니다.

어떤 사람은 재능이 뛰어납니다. 그것은 창조주가 이 세상을 맡길 때 인간에게 주신 특별한 선물입니다.

그러므로 자신이 글로벌 리더임을 깨닫고 내가 세계적인 리더라는 것을 발견할 줄 알아야 됩니다. 창조주가 세계적인 리더로 살라고 지식과 재능을 우리에게 주셨습니다. 컴퓨터의 제왕 빌게이츠, 우리가 상상할 수 없는 것을 발견한 에디슨, 장애인이면서 최고의 음악가인 베토벤 등 수 많은 역사의 위대한 인물들은 다 공통점이 있습니다.

바로 자기 자신을 사랑했다는 것입니다.

자기 자신을 포기하지 않고 주위의 사람이 핍박하고 무시하는데도 불구하고 자신을 끝까지 사랑했습니다. 자기 자신과 회복된 에디슨은 이 땅에서 우리 인류 역사상 최고의 발명가로 우리의 삶에 유익을 주는 으뜸의 사람이 되었습니다. 베토벤이 작곡한 음악이 얼마나 우리에게 감동을 주고 있습니까? 베토벤은 명곡을 쓸 당시 정상적인 몸이 아니었습니다. 그럼에도 불구하고 이런 명작을 남긴 것은 자기 자신이 그런 능력이 있는 것을 알고 있었다는 것입니다. 세계적인 인물들은 다 똑같이 자신의 능력에 대한 가능성을 갖고 도전했습니다. 그 누군가가 나에 대한 가능성을 발견해서 말해주므로 회복되어 도

전하고 세계적인 인물이 된 사람들이 많습니다. 여러분들이 바로 그런 사람들이 되어야 합니다. 여러분을 만난 사람이 그 가능성을 발견하고 삶을 포기하지 않고 힘을 얻고 도전하는 그런 자기 자신과의 회복이 일어나야 됩니다.

나는 원래 공부잘하도록 만들어졌다

인간은 무한한 능력을 믿고 도전해야 합니다. 누구든지 태어날 때부터 공부 수준이 결정된 것이 아닙니다.

'너는 50점을 받아라', '너는 30점 받아라'

'너는 80점을 받아라', '너는 100점을 받아라'

태어날 때부터 공부 100점 받으라는 기준이 없고 너는 성품이 좋고 나는 성품이 나쁘고 그런 기준이 없습니다.

태어날 때는 모든 사람이 똑같이 태어났습니다. 그러나

"어? 아닌데요. 나는 우리 엄마 아빠 닮아서 그래요"

하는 사람이 있는데 아닙니다. 우리 모두는 우리를 만드신 창조주를 닮았습니다. 그러므로 창조주가 우리를 만들었기 때문에 이 땅에 태어날 때 그 누구든지 다 공평하게 똑같은 하나님의 수준으로 이 땅에 보냈다는 것입니다.

그러므로 우리는 도전하고 노력하고 우리가 꿈을 꾸고 나가면 또 우리 자신이 능력있는 사람임을 발견하기만 하면 누구든지 1등의 삶, 최고의 삶을 살 수 있습니다.

성적이 하위권에 있는 학생들의 공통점은

'나는 원래 공부 못해', '나는 뭘 해도 안 돼' 이럽니다.

이것이 바로 하위권에 있는 학생들의 공통점입니다.

상위권에 있는 학생들은

'나는 공부 잘 할 수 있어', '나는 하면 잘 할 수 있어'

라는 공통적인 생각을 갖고 있습니다.

내 안에 잠자는 지성을 깨워라!! 인간은 위대합니다. 세상이 인간의 지성으로 움직이고 있습니다.

창조주가 이 땅을 움직일 때 인간의 지성을 이용합니다.

인간의 지성을 사용해서 이 땅을 움직이고 있다는 것입니다. 이 땅의 주인인 창조주는 사람의 지성과 지식, 경험과 재능을 통해서 이 땅의 정치, 외교, 경제, 사회, 문화, 미디어 등을 다 움직이고 있다는 것입니다. 그러므로 인간은 위대하다는 것입니다.

그래서 우리는 자신을 발견해야 합니다. 내 안에 잠자고 있는 지성을 그리고 내 안에 잠 자고 있는 공부의 능력을 깨워야 됩니다. 그리고 내 안에 잠자고 있는 가능성을 깨워내야 합니다.

언제나 자신을 사랑할 때, 곧 나 자신과의 관계가 회복 될 때 능력이 회복되는 것입니다.

한번 여러분 자신의 이름을 부르면서 사랑한다고 말해 봅시다.

"○○야, 나는 너를 사랑 한다"

"○○야, 너는 할 수 있다"

"○○야, 너는 공부를 잘 할 수 있다"

"○○야, 너는 너무 훌륭해"

이것이 바로 정말 우리에게 필요한 훈련입니다.

우리 몸은 말은 못하지만 모든 것을 다 느낄 수 있습니다.

모 대학 교수님이 쓰러지고 나서 자기 몸에게 미안하다고 했습니다.

그 순간 자기 자신과의 회복이 일어났으며, 자신과의 회복이 얼마나 중요한지를 깨달았다는 것입니다. 제가 아는 사모님은 간에 23센티미터 가량 구멍이 났습니다. 병상에 찾아가니까 자기 간에게 미안하다고 말했다고 하면서 울었습니다.

그리고 간하고 회복했다고 말을 하였고 그리고 얼마 후에 돌아가셨습니다.

행복하길 원하면 내 자신과 회복하라!

여러분 자기 자신을 사랑하고 회복해야 됩니다.

제일 중요한 것은 몸 안에 능력이 회복 되어지고 행복하도록 내 자신도 내 몸과 마음과 내가 하나가 되어 그 누구보다 나 자신과 회복해야 됩니다. 사람이 자기 자신과 회복이 안 되면 다른 사람을 괴롭힙니다. 자기 자신과의 회복된 사람은 다른 사람을 행복하게 만들어 줍니다. 열등감이 사라지고 자존감이 세워지고 나 자신을 사랑하는 사람이 다른 사람도 사랑하게 되는 것입니다. 살인자들은 자기 자신을 버린 사람들입니다. 자기를 학대하고 핍박합니다. 자기를 미워하기 때문에 다른 사람을 미워하고 욕을 합니다.

자기를 사랑하고 아끼는 사람은 다른 사람도 아끼고 사랑합니다.

우리가 얼마나 귀한 존재인지 과학자들이나 의사가 인간을 연구하면서 "너무나 신비롭다"라고 말합니다. 우리 몸의 순환기 계통 중 어느한 곳이라도 막히면 이상증세가 나타나고 때론 죽는다고 말합니다. 뿐만 아니라 다른 몸의 기관에도 영향을 끼쳐 허리가 아프고 머리가 아프고 몸이 아프게 됩니다. 인간이 얼마나 신비로운지 모릅니다.

그래서 인간은 천하를 다 준다 해도 바꿀 수 없다고 말합니다. 돈으로 가치를 따지면 이 땅을 다 주고도 인간을 못산다는 겁니다. 수술할 때 몇 백 만원 드는 이런 가치는 아니라는 말입니다. 인간의 가치는 수천 수억의 가치, 그 이상의 것입니다. 돈으로 바꿀 수가 없습니다. 여러분들은 꽃보다 아름다운 존재입니다.

자기 자신과 회복하는 운동!!

정말 필요한 운동입니다. 열등감이 많고 상처가 많은 사람은 다른 사람을 행복하게 해 줄 수 없습니다. 나 자신을 사랑하고 회복해야 다른 사람을 행복하게 해 줄 수 있습니다.

세 번째, 부모님과의 관계회복

집에서 부모님과 다투고 부모님과 막히게 되면 학교에서도 공부가 막혀버립니다. 아침에 학교 갈 때 부모님하고 싸웠다거나 증오하거나 부모님과의 관계가 막히면 내 공부와 내 삶의 모든 것이 다 멈춰 버리고 막혀 버립니다.

청소년들이 친구와는 좋은 소통이 이루어 지는데 반해, 많은 청소년이 부모님과의 관계가 좋지 않은 경우가 있습니다. 청소년 때에 부모님과의 좋은 관계를 가진 학생이 바로 좋은성품을 가지고 공부도 잘합니다. 하지만 부모님과 막혀 있으면 부모님이 말씀하시는 것마다 짜증나고, 부모님과 막히면 자꾸 밖으로 나가고 싶어 합니다. 그리고 눈치를 보고 공부에 집중이 안 되며 따라서 공부가 안 되는 것입니다.

부모님과의 좋은 관계는 우리 인생에 있어서 변화와 축복을 받는 길입니다. 그러므로 우리는 가정 안에서 부모님을 사랑하고 존경해야 되며 태어나게 해 주신 것만으로도 존경하고 사랑해야 합니다.

10대 때 부모님의 귀함을 깨닫자

우리 부모님이 능력있고 돈이 많고 이런 조건이 아니라

나를 이 땅에 태어나게 하고 내 곁에 계신 것만으로도 사랑하고 존경할 수 있어야 부모님과의 회복이 일어납니다. 10대 때 부모님의 귀함을 깨달은 사람은 훌륭한 지도자가 됩니다. 20대 때 부모님의 귀함을 깨닫는 사람은 10대 때 집을 나가거나 방황하지 않습니다. 10대 때 부모님의 삶을 깨닫고 부모님을 존경하고 사랑하는 사람은 훌륭한 지도자의 영성과 리더의 마음을 갖고 최고의 지도자가 될 수 있습니다. 이명박 대통령께서 어린 시절에 어머니를 도와 시장에서 과일 장사를 하면서도 어렵다고 불평하지 않고 고생하시는 어머님을 존경하고 잘 섬겼습니다. 또 어머님의 가르침을 잘 받고 순종하면서 어려운 중에도 대통령의 꿈을 가지고 있었기에 현재 대한민국 대통령이 되었습니다.

10대 때 부모님을 사랑하고 존경하는 우리 학생들이 대한민국에서 많이 나와야 됩니다. 하지만 만나는 학생들마다 부모님을 존경하거나 사랑하는 학생이 많이 없습니다. 너무 안타깝습니다.

관계가 깨어지니 부모와 자식과의 불화가 많고 늘 가정에서 부딪히는 일이 많으므로 집에 있길 싫어합니다. 이래서 학생들이 어떻게 공부를 하겠습니까? 집이 안식처가 되고 천국이 되어야 하는데 집이 지옥이 되고 괴로움이 많으니 집이 감옥처럼 느껴지는 것입니다. 한 시간만 안 봐도 부모님이 보고싶어야 합니다. 부모님과의 관계회복이 일어나야 합니다.

우리 대한민국의 10대들이 부모님만 생각하면 행복하고, 부모님만 생각하면 평화로운 그런 세상이 와야 됩니다. 상담을 해 보면 부모님들의 이혼문제와 여러가지 가정문제로 우리 10대들이 괴로워합니다. 그럼에도 불구하고 부모님을 사랑하고 존경하여 관계가 회복되어야 됩니다.

네 번째, 학교와 선생님과의 관계회복

창조주가 사람을 만들었을 때에 누구든지 다 공부도 잘하고 성품도 좋은 세계적인 리더로 우리 인간을 만들었습니다.

그런데 우리가 역사적으로 보면 누구는 공부를 잘 하고, 누구는 공부를 못하고, 누구는 인격이 좋고, 누구는 성품이 좋고 다 사람마다 다릅니다. 그럴 때마다 사람들은 'DNA가 부모님을 닮았다고 합니다.

그리고 성품과 성격이 다혈질이면 아버지를 닮았다. 그 성격이 엄마를 닮았다 하면서 인격과 성품과 공부 잘하는 모든 것들을 부모나 조상들로 부터 오는 유전적인 것이라고 말을 합니다.

그러나 잘못된 생각입니다.

창조주가 인간을 창조하셨을 때 모든 인간을 아주 대단한 존재로 만들었습니다. 우리의 생각과 상상을 초월한 능력 있는 자로 공부를 해도 공부를 잘하고 무엇을 하던지 재능과 지혜가 뛰어 나도록 창조주가 만들었습니다. 인격도 좋고 성품도 좋게 만들었습니다. 그런데 이 모든 것들에는 다 비밀이 있습니다. 창조주가 만든 모든 것들은 다 1등 삶을 살도록 창조되었습니다.

우리 학생들도 1등 인생, 공부 1등, 성품 1등 하도록 만드셨습니다. 이런 축복을 누리며 살아가려면 창조주가 만든 관계의 비밀을 깨달아야 합니다. 물고기는 물에 있을 때 1등 삶을 살게 됩니다. 물에는 물고기가 1등 삶을 살게 하는 축복의 에너지가 있습니다. 나무도 행복하게 살 수 있는 1등 삶의 에너지가 흙에 다 들어있습니다. 그래서 나무는 흙에 있을 때 가장 행복한 것입니다. 그러니까 모든 것들이 관계 속에서 행복하고 1등 삶을 살 수 있도록 만들어졌습니다.

그러므로 우리 학생들도 공부1등하고 성품1등하는 세계적인 리더가 되는 것도 이런 관계회복 속에 다 이루어질 수 있습니다.

학생들은 무엇보다도 선생님을 존경하고 사랑하는 선생님과의 관계회복이 일어나야 합니다.

이 네 가지는 다 소중하지만 그 중에서 우리 학생들과 선생님에게 가장 중요한 것, 곧 선생님과의 관계에 대하여 좀 더 깊이 있게 다루고자 합니다. 왜냐하면 공부 1등, 성품 1등의 글로벌 리더가 되는 핵심적 비밀이 선생님과의 관계회복이기 때문입니다.

싫어하는 과목 선생님을 사랑하라

우리 모두가 다 학창시절에 다 경험을 해봤지만 선생님을 존경하고 사랑하면 공부 100점을 받습니다. 수학선생님을 사랑하면 수학을 100점을 받고, 영어선생님을 사랑하면 영어 100점을 받고 국어선생님을 사랑하면 국어를 100점 받습니다.

제가 얼마 전에 만난 학생은 중학교 때 수학 100점을 받았습니다. 그러나 고등학교 올라와서 수학이 5등급이 되었다고 합니다. 그래서 원인을 알아보니 중학교 때는 수학선생님을 존경하고 사랑했습니다. 그러나 고등학교 올라와서는 수학선생님과의 관계가 망가졌습니다. 자연히 수학시간만 되면 귀도 닫고 마음도 닫고 포기상태가 되어 버립니다. 관계가 회복되면 바로 소통이 됩니다. 공부와 소통되고 지식과도 소통도 됩니다. 내 마음과 머리가 옥토가 되어 선생님께서 말씀하신 지식이 그대로 열매가 맺어지는 그런 아름다운 일이 일어납니다. 많은 학생들이 경험한 것처럼 공부가 잘 되게 됩니다. 오늘날 학교현장은 사제지간에 신뢰와 존경이 무너졌습니다. 체벌 금지령을 통해서 학교분위기는 살벌합니다. 얼마나 어려운지 모릅니다. 지금 학교는 선생님이 체벌을 할 수 없고 선생님의 위치에서 권면하거나 교훈 할 수 없는 분위기입니다. 선생님이 과하게 처벌하면 욕을 먹습니다. 선생님들이 어려움을 당하고 있습니다. 그리고 선량한 학생들이 힘들어 하는 어려운 현장이 되어있습니다. 이럴 때 우리가 꼭 회복되어야 될 것은 선생님과 우리 학생들 간에 정상적인 관계 즉, 사제지간의 관계입니다.

명문학교 명품학생 되는 길

존경하고 신뢰하는 마음이 회복되어서 선생님을 사랑하고 존경하는 면학 분위기가 되면 그 학교는 명문 학교가 될 수 있습니다. 명문 학교는 성품이 좋은 학생, 공부 잘하는 학생이 나와야 명문 학교가 됩니다. 지금 이 책을 읽고 CD를 듣는 존경하는 선생님!

우리 학생들! 우리 모두가 학교를 명문 학교를 만들려고 하면 우리 학교 학생들이 모두 성품이 좋아야 됩니다. 우리 학생들이 공부를 다 잘해야 됩니다. 그것이 바로 명문 학교입니다. 명문 중학교, 명문 고등학교는 일류 대학에 많이 가야 됩니다. 그러나 무엇보다 중요한 것은 성품이 좋아야 됩니다. 그렇게 되는 비결은 다른 게 없습니다.

선생님과 학생들 간에 존경과 사랑이 회복만 되면 명문 학교가 될 수 있습니다. 이렇게 확신하는 것은 방학 중 전국 각지에서 저희가 주최하는 청소년 수련회에 참여한 1만 명의 학생들을 대상으로 임상하여 얻어낸 데이터와 결과가 있기 때문입니다. 임상 결과와 고백을 보면 선생님을 사랑하고, 공부를 사랑하고, 자기 자신을 사랑하고, 부모님과의 관계가 회복되니까 공부가 잘 된다고 이구동성으로 말을 하고 있습니다. 또 관계회복을 도와주었더니 하위권에 있던 학생이 상위권에 올라가고 꼴등하던 학생이 1등을 하였습니다. 이 책을 읽고 CD를 듣는 학생은 선생님을 존경하고 사랑하고 미운 선생님을 축복하는 마음으로 바꾸면 내 몸으로부터 기능이 회복되고 100점을 받는 축복을 받게 됩니다. 다시 말하지만 관계가 회복되면 내 몸으로 공부 잘하는 기능이 회복되고 학교가는 즐거움이 회복되고 공부를 잘하는 에너지가 회복이 되어서 공부를 잘 할 수 밖에 없습니다.

선생님은 나의 축복의 통로

지금 한국 사회의 가장 큰 문제가 교육입니다.

학교는 축복현장입니다. 이 현장에서 관계회복이 일어나야 합니다.

이것은 신뢰와 존경이라는 것으로 끝나는 것이 아니라 공부 1등, 성품 1등의 열매가 맺어지는 것입니다. 여러분이 학교를 명문학교로 만들 수 있습니다. 여러분 자신도 세계적인 리더가 될 수 있습니다.

그 방법은 리더를 인정하고 존경해야 됩니다.

내가 볼 때 우리선생님이 리더십이 부족하고 또 못나 보여도 나를 위해서 세운 스승이요, 나를 위해 세운 지성의 축복의 통로이므로 선생님을 존경하고 신뢰하고 사랑해야 됩니다.

이것이 창조주가 만든 질서입니다. 내 마음에 안 맞고 내 생각에 안 맞고 내가 볼 때 존경하는 마음이 없다 해서 존경하지 않고 무시하고 신뢰 안하면 그 공동체는 무너지고 깨어집니다. 그 공동체가 무너지면 곧 학교가 내가 공부하는데 지장이 있고 내 자신이 분명 제일 많이 손해 볼 수 밖에 없다는 것입니다. 그러므로 내가 다니는 학교를 명문 학교로 내가 다니는 학교를 최고의 학교로 만들려면 내가 먼저 성품1등, 공부1등이 되어야 됩니다. 그렇게 되려면 세운 리더 선생님을 존경하고 인정해야 될 줄로 믿습니다.

선생님!! 축복합니다

그래서 우리는 이 시간 이후로 우리 선생님들을 축복해야 됩니다.

선생님을 만날 때 마다

"축복합니다. 선생님!"

"선생님은 세계적인 리더입니다."

라고 축복해야 됩니다.

"선생님은 훌륭한 선생님이십니다."

"선생님. 너무 좋아합니다."

"선생님. 사랑합니다."

계속 선생님들을 축복해 드려야 됩니다. 그러면 교실에 들어선 순간 자기를 축복해 준 제자들이 눈에 확 들어옵니다. 강의를 해보면 강의 잘 듣는 사람이 눈에 들어오는 것처럼 반에 50명, 30명 학생들이 있어도 나를 존경하고 축복하는 학생이 눈에 들어옵니다.

선생님은 그 학생을 향해 집중적으로 지식을 토하게 되고 스승의 마음과 지성의 능력이 그 학생에게 담기게 되어 공부가 잘 될 수밖에 없는 것입니다.   선생님과 소통을 통해 학생들은 변화와 성숙의 복을 받게 되는 것입니다. 행복한 학창시절 추억을 만든 것입니다. 그러므로 선생님을 매일 하루에 한 번씩 축복하고 존경해야 될 줄로 믿습니다.

꼭 명심하세요!

이제 이 글을 마치면서 이 책을 읽고 CD를 듣는 분들에 부탁드립니다.

사랑하는 학생과 학부모 여러분 그리고 존경하는 선생님, 진정으로 이 사회가 미래의 꿈이 있고 비전있고 소망이 있는 사회가 되려고 하면 학교가 나서서 선생님과 학생들과의 신뢰와 존경의 관계가 회복되는 운동부터 해야 합니다. 그래야 대한민국의 학생들이 명문 학교를 만들어 내는 공부 1등, 성품 1등하는 명품 학생이 됩니다.

꼭 명심합시다. 학교에 세운 리더 교장선생님, 교감선생님, 모든 선생님들을 존경하고 사랑하는 분위기로 가야 그 학교에서 정말 세계적인 리더의 성품을 가진 리더가 나오고, 그냥 공부 잘하는 정도가 아니라 세계적으로 공부 잘하는 학생이 나와 그 학교는 틀림없이 명문 학교가 된다는 것을 저는 의심하지 않습니다.

이것이 창조주가 우리를 만들고 이 땅을 만들 때 축복을 누리도록 세운 엄중한 질서입니다.

싫은 사람도 품어라

앞으로 지구촌을 누비며 멋진 꿈과 비전을 펼칠 세계적인 리더 여러분!! 내가 좋아하는 사람만 좋아해서는 세계적인 리더가 될 수 없습니다. 진정한 리더는 내 마음에 안 들고 생각의 차이가 있는 사람도 품고 섬기는 사람입니다. 바로 이런 훌륭한 섬김과 리더십을 학교에서 배워야 하는 것입니다. 10대 때 학교에서 몸에 베이게 해야 합니다.

그러나 지금의 현실은 우리 마음에 안 들고 체벌하는 선생님에게 "재수 없어요", "선생님이 싫어요"라고 말하는 학생들이 많습니다.

그러나 부모님이 싫어서 집을 나온 학생들은 부모님이 싫어도 영원한 나의 부모님이듯, 선생님이 싫어도 내 영원한 선생님인 것입니다. 힘들어도 존경하고 신뢰하고 사랑 할 수 있다면 우리 학생들은 세계적인 리더가 되는 것입니다. 여러분이 때로는 국어선생님이 좋고 수학선생님을 싫어할 수 있습니다. 그럼에도 불구하고 나하고 안 맞는 수학선생님을 존경하고 사랑할 때 우리는 진정한 글로벌 리더로 지도자로 거듭나게 될 줄 믿습니다.

다섯 째, 공부와의 관계회복

우리 학생들은 공부와의 회복 그리고 직장인들은 직장에서의 회복 사업하시는 분들은 사업과의 회복, 자기의 분야의 회복이 일어나야 됩니다. 공부와의 관계회복이란 무슨 말일까요?

공부를 사랑한다는 말입니다.

내가 하는 일을 사랑하는 사람을 따라 잡을 사람은 없습니다. 내가 하는 일을 좋아하는 사람을 누가 이기겠습니까?

내가 하는 일을 즐거워하는 자를 따라 잡을 자는 없습니다. 내가 하는 일을 즐거워하는 사람은 병도 안 걸립니다. 내가 하는 일을 즐거워하는 사람은 에너지 300%, 1000%, 10000%로 나타납니다. 특징이 있습니다. 내가 하는 일을 좋아하는 사람중에 한 사람으로 산소탱크란 별명을 가진 축구 대 스타 박지성 선수가 있습니다. 축구를 얼마나 좋아하는지 늘 공을 안고 잔다고 합니다. 여러분은 공부가 너무 좋아서 교과서를 품고 자고 있나요? 공부와의 회복이 일어나려면 내가 공부하고 있는 과목에 충실하고 사랑해야 됩니다. 그것이 창조주의 뜻입니다. 창조주가 행복하라고 일을 주었고 행복하라고 직업을 주었습니다. 행복한 삶을 위해 우리에게 주어진 직장, 학교, 공부를 사랑하는 것은 당연한 일입니다.

공부는 내 인생의 최대의 축복

그런데 공부를 어떻게 생각하냐고 물으면 대부분의 학생들이 공부는 내 인생에 최대의 적이다 라고 말했습니다.

공부가 최대의 적이라면 참 안타까운 일이 아닐 수 없는 일입니다. 적은 싸워서 쫓아 내는 것이거든요 이것이 얼마나 안타까운 일입니까?

동서고금을 막론하고 공부는 내 인생에 최고의 축복이다 라고 생각되어 왔습니다. 왜 우리는 지성을 준비하고 재능을 준비해야 될까요?

창조주가 우리를 세계적인 리더로 쓰려고 할 때 실력이 있어야 합니다. 그리고 우리를 필요로 하는 국가와 사회와 또 다른 이웃을 힘있게 돕기 위해서입니다. 또 꿈과 비전을 이루는 행복한 나를 위해서입니다.

10대 때 공부는 미래이다

미래의 우리의 인생은 행복하고 즐겁고 의미와 가치있는 삶으로 꽉 차있습니다. 이것을 누리려면 공부를 정복해야 합니다.

바로 이것을 10대들은 잘 모를것 같습니다. 나중에 가서 깨달았을 때는 이미 나이가 40이 되고 50이 됩니다. 나이 먹고 늦게 깨달았을 때 후회가 막급하겠죠. 10대 때의 지식과 공부가 중요한 것은 학생시절은 최고의 리더가 되는 지성을 받을 수 있는 최고의 적절한 시기이기 때문입니다. 그래서 이 좋은 때를 붙잡기 위해 TV 보는 것을 절제하고 세상 즐거움을 절제하고 모든 것을 절제하면서 땀 흘려 지성과 재능을 준비하는 것입니다. 이것을 10대 때 준비 할 수 있다면 그 학생은 최고의 지도자가 되고 최고의 리더가 됩니다. 사실 공부를 사랑

안하니까 사랑 안하는 것을 하려고 하니까 너무도 힘든 겁니다. 세상에서 제일 괴롭고 비참한 일이 무엇일까요? 하기 싫은 것을 억지로 하는 것입니다. 내가 싫어하는 일을 하는 것처럼 괴로운 일은 없습니다. 세상에는 똑같은 일을 하는 두 사람이 있습니다. 한 사람은 일을 너무 좋아하면서 하고 또 한 사람은 억지로 돈을 벌기 위해서 일을 하는 사람이 있습니다. 억지로 돈 벌기 위해서 일하는 사람은 병이 들지만 그 일이 너무 좋아서 하는 사람은 돈 버는 일을 떠나서 그 일에 보람 있고 그 일에 즐거움이 있는 것입니다. 우리 학생들도 마찬가지입니다. 내가 공부를 좋아하고 공부를 사랑하고 관계회복을 하면 공부가 잘 될 수 밖에 없습니다. 공부를 좋아하고 공부를 사랑하면 공부가 나를 도와주고 공부가 나에게 깨달음을 주며 공부가 내 가슴에 뇌세포 조직속에 들어옵니다. 그래서 공부를 잘하게 되는 것입니다. 그러나 그것을 계속 싫어하니까

"아~나는 언제 졸업하지"

"아~공부없는 나라 가고 싶다~"

이러니 어떻게 공부가 나를 도와주겠습니까? 공부를 사랑해야 나와 하나가 되는 회복이 일어납니다. 내 일을 사랑해야 내가 하고 있는 일에 회복이 일어납니다. 사업하는 사람은 사업에 미쳐야 됩니다.

직장에 있는 분들은 직장에 미쳐야 됩니다.

운동선수도 운동에 미쳐야 됩니다. 자기 일에 미친 사람만이 자기 일을 좋아하는 사람만이 최고가 될 수가 있습니다.

공부1등 우선순위

10대 때를 지내고 있는 학생들의 일은 공부입니다. 공부를 사랑하고 공부와 회복하면 1%의 리더, 최고의 리더 속에 들어가는 영광을 누리게 됩니다. 문제는 그것을 억지로 해보려 하고 있다는 것입니다. 관계회복이 우선 되어야 하는데 그런 과정을 무시하고 하려다보니 잘 열리지 않으므로 낙심하여 이렇게 말합니다. '나는 공부의 은혜가 없어. 나는 공부의 은사도 없고 나는 공부이 재능도 없이' 라머 자기 스스로 포기해 버립니다. 이제는 실망하거나 포기하지 마세요. 누구든지 다 공부 잘 할 수 있도록 만들어졌습니다. 공부를 잘하려면 공부를 사랑해야 됩니다.

돈을 잘 벌기 원하는 부모님들이 계시거든 내가 하고 있는 일을 사랑하고 그 일을 좋아하면 남들이 모르는 아이디어가 생깁니다.

사랑하면 창조능력이 넘친다

사랑에는 아이디어 창조의 능력이 있습니다.

내가 어떤 일을 사랑하면 창조의 능력이 나타납니다. 창조주가 우리에게 사랑할 때 그 아이디어가 나오도록 만들었습니다. 나만의 공부 방법 또한 나에게 맞는 공부 방법이 있습니다. 자기에게 무엇인가 특별한 그 무엇을 바로 공부를 사랑할 때 창조주가 우리에게 깨닫게 합니다.

예를 들면 "나는 아침 5시부터 6시까지 공부할 때 잘되더라" 하는 자기 만의 방법을 찾게 되고 집중력이 높아집니다.

집중력 향상으로 공부가 쉽고 재밌고 행복해집니다.

그러면 당연히 공부를 일등하게 되는 일이 생깁니다.

사랑을 고백하라

대부분의 학생들이 성적이 나오지 않는 과목은 사랑하지 않습니다. 싫어하고 미워하기까지 합니다.

그러면 점점 더 그 과목이 싫어집니다. 그 과목도 나를 싫어해 버립니다. 이럴 때는 무엇보다도 그 과목과 관계가 회복되어야 합니다.

중요한 관건은 사랑하는 것입니다.

사랑하면 무엇이든 정복할 수 있습니다. 자 지금 부족한 과목을 향해 고백해 보세요.

"○○아 사랑해 난 널 좋아해~"

바로 이 때 그 과목이 나를 향해 말합니다.

"나도 너를 좋아해 ~ 사랑해~"

이렇게 관계가 회복되면 그 과목은 100점을 맞습니다.

엄마, 아빠!!
공부가 너무
쉬워져서

초판 1쇄 발행 2011년 2월 24일
재판 1쇄 발행 2011년 3월 18일
T.1,500

저 자   한성택 목사외 다수

발행처   주)애드파스
부산광역시 부산진구 양정2동 311-5
전화(051)861-7758

정가 10,000원